奇跡の演劇レッスン

「親と子」「先生と生徒」のための聞き方・話し方教室

兵藤友彦

学芸みらい社
GAKUGEI MIRAISHA

奇跡の演劇レッスン

「親と子」「先生と生徒」のための聞き方・話し方教室

目次

演劇レッスンについて思うこと

村上慎一（愛知県立刈谷東高等学校校長）

本書の著者、兵藤友彦の行なう「演劇レッスン」の授業を初めて見た時のこと——。授業のなかで行なわれたエクササイズに私も参加した。本書でも紹介されている「割り箸のレッスン」である。

二人一組で、割り箸一本を人さし指で支え合う。目をつぶってしゃがんだ状態から一緒に立ち上がり、一人が箸の下をくぐって回り、またしゃがむ。これを話さないで行なう。だから、そこに言葉はないかというと、そうでもない。心にさまざまな言葉が浮かぶ。

「一緒に立ち上がろう。行くよ」

「もう少し強く割り箸を押し合おうよ」

「相手は自分をどう思っているだろう」

「自分から回ろうか。君がいくか」

「任せて大丈夫かな」

「しっかり支えなくては」

……

指先で言葉を伝え、指先から言葉が入ってくる。

「初対面なのにこんなに強く相手に何かを求めてもいいものかな」と迷いが浮かんだ時、割り箸が床に落ちた。からだは、心のなかの言葉に実に正直に反応する。

体験したエクササイズは、もう一つ。

お尻を床につけ、膝を直角に折り曲げた状態で背中合わせになり、二人同時に立ち上がる。簡単なことだと思ったら、相手の背中に自分の体重をあずけるようにしないと、起き上がっていかれない。

「さあ、行くぞ」というところから、背中を通して会話することになる。

このエクササイズでふと思い出したのは、ずいぶん以前に自律訓練法の講習に参加した時のことだった。

講師は、自分の経歴を簡潔に紹介したあと、紐に括り付けた五円玉を受講者に渡した。「紐を持ち、目の前の五円玉に集中してください。心のなかを空にしてください」と言い、講習の場が静まるなか、「回る、回る、五円玉が回る」と唱え始めた。

「何と子どもだましめいたことか。こちらが回す気にならなければ回るはずがないではないか」というのが、初めに私の胸に浮かんだ言葉であった。が、言われた通りに集中することにした。

心を空にすることは、口で言うほど簡単ではない。

ようやく少し心から雑念が消えた時、五円玉は回り始めた。指に力を入れて故意にそうしている感覚はない。見ると、周りにいた受講者たちの五円玉も同じ動きをしていた。私より大きく振れている人も多かった。

講師は、「これが他者暗示です」と静かに言った。言葉が本当に心に入ってしまうと、からだは言葉通りの反応をするということの簡単な実験だった。言葉が入ると、からだが否応なしに反応してしまう。自分自身のそんな反応に驚きがあった。周りの反応に、誰もがみな同じなのだと思った。

自律訓練法というのは自己暗示によりからだの状態を変えることだと講師は解説し、「本題に入る前に」と言って、二つのことを話した。それが、今も記憶に残っている。

講師自身が何をやっているのかと問われて「心理学を専攻している」と答えると、「それは、危ないことをしている」と言われるのだという。記憶に残ったのは、そのあとの言葉である。

「そういう他人からの言葉の方こそ危ないので、私は心に入れないようにしています。それだけの訓練をしてきましたから」と。

もう一つ、よく覚えている話がある。

「朝起きてすぐに、無理にでも『ああ、今日も嫌な一日になるなあ。嫌なことが次々起きてくるにちがいない』と唱えて一日を過ごし、一日を終えて就寝する時に、『ああ、やっぱり嫌な一日だった。このことも、あのことも嫌だった』という言葉で締め括る、そういうことを一週間も続ければ、鬱に近くなります」

さもありなんと思った。一日に生起する、ほぼどんな出来事にも、ポジティブな側面とネガティブな側面がある。どちらの側からも捉えられることがほとんどだ。何でもない出来事も、ネガティブな側面ばかりから見てネガティブな言葉で語れば嫌な出来事になり、嫌な出来事に満ちた嫌な一日ができあがる。そんな毎日が続けばだんだん元気がなくなっていく。よく分かる話だった。

言葉はからだを通して活動と深く結び付き、人生につながっている。ポジティブな言葉ばかりを心のなかに宿らせようという話ではない。そんなことをしたらネガティブな側面の返り討ちに遭うだけだろう。経験の全体像を、ネガティブな側面も含めて、豊かな言葉でみずからに語ることができればと思う。人生を豊かに生きるためには、そういうことが必須だ。


兵藤友彦は国語の教師であり、心理の専門家ではない。二つの活動に直接的に共通するものがあるわけではない。「ふと思い出した」のは、なぜだったのか――。

自律訓練法では、言葉が心に本当に入った時に否応なくからだが反応した。演劇レッスンの授業では、身体的なものから言葉が湧き上がった。

言葉によって人は世界を認識し、構成する。私たちは、言葉によって世界を見ている。だから、私たちの見ている七色の虹は、別の言語文化圏では四色になったり五色になったりする。言葉は世界を認識し構成していく時に働き、その世界での活動を決定する。だから、言葉によってネガティブな世界を生きる人は、鬱に近づく。

このような言葉を世界認識の言葉とすれば、演劇レッスンの言葉はコミュニケーションの言葉である。もちろんコミュニケーションは、各人の世界認識の上に行なわれる。演劇レッスンの授業が面白くて有意義なのは、からだを通したコミュニケーションによって、生徒によっては閉じられたようにしか見えない世界に小さな穴があくからだ。この活動は、言葉とからだとの往還によって行なわれていて、言葉とからだがもともとは双子の兄弟であったことを思い出させる。

著者が目指しているものは、演劇に関わりのない生徒も選択する演劇レッスンの授業にも明らかであった。豊かな人生は、言葉とからだが絶妙に響き合うものだと思う。そして、そんな人生を生きている人の姿が、人に感動を与える。

「感動」について、評論家の三浦雅士が書いている。ある本の書評のなかの言葉である。

人は言葉によって自分自身になる。感動とはその自分自身が分解し失われる瞬間のことであり、感動によって生き返ったように感じるのは、そのあとに自分自身が新たに組織し直されるからである。

（『毎日新聞』二〇一三年四月二八日付「今週の本棚」）

演劇レッスンの授業には、ささやかながら感動がある。私自身がそうであったように、生徒はレッスンの前とはほんの少し変わった自分を見る。

この本にある兵藤友彦と生徒たちの演劇を通して、さらに多くの方々が新たに組織し直された自分に出会う体験をしていただけたらと思う。

「本物」と「偽物」

木島 恭（演出家）

演劇とは創作、つまり「偽物」です。実在の人物や出来事を題材にする作品でも、作者のなかで再構成されたものであり、手法としていかにリアルに（本物のように）創られていても、フィクションであることに変わりはありません。創りものだからこそ演劇は自在で、三分で家が建ち、人が空を飛びます。誰かの五〇年の人生が二時間のうちに始まり、終わりを迎えることができるのです。舞台上で殺人事件が起こっても、俳優が本当に死んだと思う観客はいないでしょう。観客は、特に意識することなく、安心して舞台で演じられる劇的なるものを、楽しむことができるのです。だからこそ、作家は作り物に見えないよう、そこに真実味を与えるのに苦心するのです。

さて、演劇ならともかく、戯曲（劇の上演のために書かれた脚本。また、その形式で書かれた文学作品）となると日常的に親しみのある方は少ないことでしょう。戯曲は演劇のエキスが書き込まれたものですが、演劇関係者をのぞけば、戯曲についての大方の印象は「分かりづらい」「セリフばかりで退屈」「誰が話しているのか混乱する」……といったあたりかと思います。

戯曲が分かりづらいと言われるのは、文字による説明が小説などと比べて少ないことに原因がありそうです。

たとえば小説では、

「サヨウナラ……」

泣くまいと必死で耐える美智子の、歪んだ笑顔の大きく見開いた瞳から溢れそうな涙が……

と書くところを、戯曲の場合は、

美智子（耐えて笑顔で）「サヨウナラ……」

となります。情景を想像しやすいのがどちらであるかは、明らかです。

戯曲は、俳優の肉体と、舞台美術・照明・音響効果・衣装などさまざまなスタッフワークによって舞台上で視覚化され、観客と対峙する演劇へと孵化します。戯曲は、演劇作品として上演されることを前提に書かれています。演劇として視覚化されることによって、さまざまなことを感じ取るのは容易なことです。

演劇と戯曲の関係は、料理とレシピの関係に似ているかもしれません。レシピ本にできあがりの写真があれば、たとえ知らない料理でも想像ができ、興味も湧きます。知っている素材と調味料なら、写真がなくても、できあがる料理とその味はそれなりに想像がつきます。

しかし食べたことも見たこともない料理のレシピに、写真がなかったらどうでしょう。まして使っている材料までもが知らないものだったら、どんな味、どんな色彩で、どんな形の料理になるかを想像するのはとても難しい。いわば音符の連なりだけから、奏でられるメロディを想像するようなもので、それは多くの人にとって簡単なことではありません。戯曲を味わうのには、そんな難しさがあります。

一方、演劇には、少し強い言い方をすれば一つの宿命があります。それは演じる側（送り手）と観る側（受け手）に、人を分断してしまうことです。料理を作って出す側と、料理を提供される側に分かれてしまうのです。

戯曲を読む時には、先ほどのような困難はあるものの、送り手と受け手に分断されることはありません。私たちは戯曲を読みながら、その言葉の世界のなかに、みずからの想像力によって素晴らしい名優を登場させることもできます。つまり読み手の推理力と想像力によって自在に世界を想像し、創造できる。それが戯曲を読む醍醐味なのです。しばしば「戯曲では感動したのに、舞台で観た時はそうでもなかった」ということが起きるのは、読み手の想像力と創造力に、演劇の創り手のそれが及ばなかったということなのです。

演劇はフィクション、偽物であるがゆえに、作家たちは事実を凌駕する普遍的なリアリティを求めて、より緻密でより劇的な作品、いわば精密な嘘を書くことに腐心してきました。英雄、悩み深き青年、美男美女、変質者、殺人者、善良すぎるほど善良な人、間抜け……。演劇には、こうした凝縮されたキャラクターが登場します。一方、平凡な人物の出番は少ない。もっとも平凡を装ってはいますが、それらもやはり演劇的な人物です。そして作者はさまざまな虚構を利用し、台詞《セリフ》も日常的なものではなく「演劇的なもの」に加工します。ほとんどの演劇作品は、こうして創られています。

ところが本書の著者、兵藤友彦さんの演劇は、どうやらそういったものではないようです。本質的に「偽物」（創りもの）ではなく「本物」（在るもの）だということです。もちろん演劇である以上、上演を目的として書かれた戯曲ですから、余分な贅肉は削ぎ落とされ、十分に整理もされている。しかし綴られている言葉そのものに一切の脚色がない。加工されていないのです。だから人物そのものが語る言葉は、虚構を吹き飛ばす真実の力を持っているのです。

おそらくこうした演劇作品ができあがったのは、もともと商業的な演劇の作品としてではなく、高校生たちが自身の直面する問題と真摯に向き合い、彼や彼女がみずから演じるものとして書き下ろされたという事情もあるでしょう。もちろん、身近で時事的な問題を扱った演劇作品なら、高校演劇やアマチュア劇団の創作劇など、ほかにも数多くあります。しかしそのほとんどはあまりに身近な問題を扱う結果、ただ単に個人的で他者に伝わりにくかったり、個性的に見えながら実は類型的であったりして、普遍性を持ちにくいのが弱点です。

一方、本書に収録されている、兵藤さんが生徒たちとともに作り上げた作品は、その弱点を見事に克服しています。生徒たちが向き合わざるを得なかった困難な出来事の細部を事実通りに再現しながら、親子がどう向き合うか、個人が社会にどう対峙するか、そして社会が困難な局面に立つ個人にどう手を差し延べるかを、「人間がともに生きるとは」という普遍性を持った問いにまで深めた作品になっているのです。

兵藤さんの演劇を作り上げている言葉は、兵藤さんの、そして生徒たちの魂の叫びです。今を、明日を、そして未来に向かって一生懸命に生きようと必死で戦い、悩み、苦しみもがく。それが魂から迸り出る言葉となって、聞く者、読む者の心を打つ。その言葉は彼らの人生であり、生きた証です。その言葉に、作為も偽りもない。兵藤さんの演劇が本質において本物であるのは、そのためです。

演劇の多くが、素材をさまざまに加工して成り立つフランス料理のようなものだとしたら、兵藤さんの演劇は、素材の味で勝負する料理だと言えるかもしれません。「演劇的な加工」のはるか手前のところで、言葉たちが瑞々しいからだを持って、息づいているのです。

読者のみなさんには、戯曲という枠を超え、演劇という概念を捨てて、自由に、素直に、登場人物一人ひとりの個性と、彼らの叫びに寄り添ってほしいと思います。

一つひとつの台詞のなかに、きっと明日を生きる希望の光が見えてくるだろうと思います。

はじめに

私が顧問を務める刈谷東高校演劇部には、「自分を変えたい」と思って入ってくる生徒がたくさんいます。

Mくんもそんな生徒の一人です。

表情がほとんど変わりません。声も小さくて、人と話すことが苦手です。

ある日の部活中でのこと——。

身を振って怒鳴るように言うセリフを、Mくんは繰り返し練習していました。

Mくんは何度やっても怒鳴ることができませんでした。声を懸命に張り上げてはいます。しかし、背は鉄板でも背負っているかのように真っ直ぐなままだし、膝もまっすぐなまま。からだ全体が一本の棒のようです。顔の表情も普段とまったく変わらないままなのです。

セリフの意味合いも、ここは全力で怒らなきゃいけないことも、Mくんは十分に分かっているのです。でも、できない。

彼は、からだで、声で、表情で感情を表すことができなかった。

稽古を中断して、私は彼に言いました。

「お前さ、いつからそんな無表情なんだ？」

彼はいつもの無表情で、私を見ています。

私は続けました。

「いつからなんだよ。うんと小っちゃい時って、からだ全体で泣いたり怒ったりしただろ。でも今のお前はそれができないわけだ。なあ、いつからなんだよ、いつからそんなふうになんだよ？」

不意にMくんの目に涙が溢れました。校舎の四階の窓から射す夕日が、彼の横顔を照らしていました。彼は涙を拭おうともせず、まっすぐに私を見ています。

「もう一回、できるようになりたくないか」

私は言いました。

「もう一回、小っちゃい時みたいに、自由に泣いたり、笑ったり、怒ったり、できるようになりたくないか」

Mくんは答えました。小さいけれど、はっきりした声で。

「できるように、なりたいです」

Mくんのナマの声を初めて聞いた気がしました。

Mくんは、ある時を境にからだを固くして、息を詰めるようにして生きてきたのでしょう。どんなに息苦しく、そして独りぼっちだったことか。

他の部員たちと一緒にＭくんのからだのマネをしてみました。人をよく見て、「人の身になる」レッスンです。首と背中と膝に力を入れてみます。歯と歯の間を開けないで、息を噛み殺すようにセリフを言ってみる。

他の部員にどんな感じがするか訊ねると、

「すごく疲れる」

ある生徒は言いました。別な生徒は、

「初めて気付いたけど、私もＭくんと同じだ」

と答えてくれました。

こんなふうにして、芝居つくりは自分を変え、自分を育てるレッスンに変わってゆき、レッスンは芝居つくりにつながってゆきます。

高校の教員になって二五年、演劇の指導を始めて二〇年近くになります。教育と演劇の交わる点をずっと探し求めてきました。そして一〇年ほど前から現任校の刈谷東高校に勤め始め、Ｍくんのような不登校経験者の生徒たちと芝居をつくるうちに、ようやく交わる点を見つけました。

それが「演劇レッスン」です。

本書には、私が刈谷東高校の生徒たちと一緒につくり上げ、高校演劇の全国大会や中部大会に出場した四つの作品と、その演劇レッスンの具体的なやり方を収めています。

各脚本の前に、「手紙」を添えました。手紙を読んでふと胸を突かれることがあったら、それはあなたに宛てて書かれた手紙だということです。

ご紹介した演劇レッスンを是非、実際にやってみてください。やってみないと実感できないのが演劇レッスンの特徴です。大丈夫、簡単です。目の前にいるあなたの大切な人と、すぐに実践できるレッスンです。

脚本は、声に出して読んでみてください。脚本は声に出して読まれて初めて、生き生きと動き出します。小さな声でもいい、あなたの素直な声で読んでみてください。

あなたのなかで何が起きるか、私は楽しみにしています。

❶ ひとが怖い、あなたへ

戯曲▼Making of「赤い日々の記憶」

レッスン▼箸をはさんで立ち上がる

前略。

お母さんから君の手紙を受け取りました。

お母さんにくっついて、一緒に演劇レッスンに参加してくれていた、あの小学生の女の子が、もう中学二年になったんですね。

君が学校に行ってないことは、お母さんから聞いていました。

人が怖い。怖くて、学校に行くと疲れてしまう。どうしたら怖くなくなるか教えてほしい。

これが君の質問だ。シンドイね。どうしたらいいんだろ？

君もお母さんから聞いていると思うけど、僕は高校の先生です。

今は刈谷東高校という高校で、国語と演劇表現という授業を教えています。演劇部の顧問もずっとしていて、学校の外でも大人の人相手に演劇レッスン（学校でやっている演劇表現の出前授業みたいなもの）もやっています。君がお母さんにくっついて参加してくれたのは、確か高浜市の公民館で、五回連続でやった演劇レッスンだったたね。

なぜ急に自分の話をしたかというと、演劇部や演劇レッスンといった教育活動のなかで発見したり経験したりしたことが、僕のモノを言う時の根拠だ、ということを君に知っておいてほしかったからです。

僕はカウンセラーでも精神科医でもありません。ちょっと気恥ずかしいけど、僕は、自分がやってきた演劇を通した活動を、教育だと思っています。芝居つくりも教育。演劇レッスンも教育です。ですから、僕は「教育者」としてのアドバイスを、君にしたいと思っているのです。

僕の勤めている刈谷東高校昼間定時制は、生徒の約六割が中学校や前の高校で不登校を経験しています。

演劇部員たちも、ほぼ全員が不登校経験者で、なかには小学校からずっと学校に通えていない、という生徒もいます。

そんな部員たちが、この一〇年間で三度、中部ブロック三〇〇校の代表になって高校演劇の全国大会に行きました。人が怖くて学校に通えなかった生徒たちが、大勢の人の前で劇を演じて、全国大会に行くまでに成長したのです。どうやって彼らはそんなふうに変われたんだろう。

それから、演劇表現という授業。

この授業を受けている生徒たちの多くも、不登校を経験しています。今のままでは社会に出ても生きてゆくことができない、何とかして変わりたいと願って、毎年、大勢の生徒が演劇表現の授業を受けに来ます。そうして、一年間の授業が終わる頃には、人付き合いが苦手という意識がずいぶんとなくなり、就職や進学の面接でも臆さずに話せるようになってゆきます。どうやって彼らはそんなふうに変われたんだろう。

僕は芝居つくりや演劇レッスンを通して、もう一〇年以上、彼らの変化を促してきました。その経験からしか僕は何も語れないけれど、その経験は、きっと君の役に立つはずだと思うのです。

キツい言葉や、極端な考えだと君が思うようなことを、僕はこれから書くかもしれません。

でも辛抱強く最後まで読んでほしいのです。

人が怖い。どうしたら怖くなくなるか。

僕は、次の三つのステップを経験することが必要なのだと考えています。

①まず、人と自分はまったく違う存在なんだ、まったく切れた存在なんだ、だから人のことなんて分かるわけないんだ、と徹底的に実感すること。

②その上で、それでも相手との間に細い細い糸のような通路を開こうと努力すること。

③その結果、わずかなことでも相手と一緒に何かできたとか、分かり合えた瞬間があったなら、それは奇跡みたいなことなんだと思いっきり喜ぶこと。

僕のやっている演劇レッスンに、「箸をはさんで立ち上がる」というのがあります。このレッスンでは、①から③の三つのステップを、いやでも経験できるみたいです。参加してくれた生徒や大人のひとの様子や、そのあとの変化を見ると、どうもそうみたいなのです。

君もこのレッスンは、見たことがあるよね。僕はいつも初めにこのレッスンをやるから。お母さんが苦労して目の前の人とやっている姿を、小学生の君は目にしているはずです。

演劇部の部員たちも、それから演劇表現の授業を受けている生徒たちも、まずは、この「箸をはさんで立ち上がる」に取り組みます。単純なレッスンだけど、できた時はペアになった人と、握手したり抱き合ったりして大喜びをします。人と一緒に何かできたということは、本当はすごく嬉しいことなんだと、生徒たちの様子を見ていて、僕はいつも思うのです。

よかったらお母さんとやってみてほしい。親子だからできるとは限らないよ。箸を通してお母さんの気配を感じることができると、きっと嬉しく思うはずだ。

話を変えていいかい?

『Ｍａｋｉｎｇ ｏｆ「赤い日々の記憶」』というお芝居の話を君にしたいんだ。それからそのなかに出てくる若山さんという少女を演じた、Rさんのことを書いてみたい。

『Ｍａｋｉｎｇ ｏｆ「赤い日々の記憶」』は、僕が刈谷東高校へ赴任した翌年に書いたお芝居で、不登校を題材にしたものです。中部大会で最優秀賞と全国創作脚本賞を受賞し、刈谷東高校演劇部を初めて全国大会へ導いた作品です。どんなに人を拒んでいるように見えても、人を求める心は誰のなかにも否定しがたくあるんだ、ということを確認したくて、僕はこのお芝居を書きました。これまでに全国各地で五〇回以上、公演を重ねている芝居です。

全国大会出場とか五〇回の公演とか聞いて「なんてすごい部活!」と君は思ったかもしれないけれど、実情は全然そうじゃない。当時から今まで、一番の悩みは、役者が辞めてしまうことなんだから。全国大会に出場することが決まっても、本番を明日に控えた前日でも、不登校経験者のウチの部員たちは、自分の気持ちを最優先して、部を去ってしまうんだ。

辞めていく者にも、辛さはきっとあるんだと思う。でも、残された者はもっと地獄だ。公演の日は迫ってくる。役者が一人足りない。どうしよう。このままじゃ上演できない！

そうなったらなりふり構わず、生徒のなかから役者をやってくれそうな者を見つけ出して、口説き落とさなければならない。


Rさんも全国大会直前に、僕に口説き落とされて役者になってくれた生徒だ。

僕はRさんを見た時、この子には絶対に役者をやってほしいと思った。なぜだか分かるかい？

それは、Rさんがいつも笑っていたから。明るくてよく気が付くいい子、それがRさんの学校での評判だった。でも、僕にはRさんの笑顔は、なんだか顔に張り付いた仮面のように見えたんだ。


確かにRさんはいつも笑っている。

でも、どう？　年中笑っている人間なんて、君は見たことある？

「なんで私なんですか？」

演劇部に入ってほしいと言う僕に、Rさんはそう言った。

「いっつも笑っているから。そんなのウソの笑顔だとオレは思うからだよ」

僕はこんなふうに答えた。

Rさんは、一日待ってください、と言った。そして翌日、「やります」と返事をしてくれた。

その日から全国大会当日まで、僕はつきっきりでRさんの笑顔の仮面を引っぺがしにかかったんだ。

ようやく仮面が取れたのは、全国大会前日の夜中だった。

お母さん役のRさんに、僕は、Rさん自身のお母さんとの思い出を何時間も続けて語らせた。

そうするうちにRさんの顔から笑顔が消えて、今まで見たことのない、心細い表情が浮かび出してきたんだ。僕は用意しておいた鏡をサッとRさんに見せて言った。

「その顔、今のお前のその顔は誰に似ている？　その心細い顔は一体、誰の顔だ？」

Rさんは目を見開いて鏡に映った自分の顔をじっと見て、ひと言、

「……お母さん」

と答えたんだ。

全国大会本番のRさんは、とても素晴らしかったよ。彼女の顔にはもう笑顔の仮面は張り付いてなかった。悲しい顔、嬉しい顔、心配な顔……Rさんがもともと持っていたさまざまな感情が、しっかりと彼女の顔に現れていて、見る者の心を掴んだんだ。


人が怖いと思うようになってしまった時、人間は一体どんな行動を取るんだろう？

君のように学校に行かなくなるという行動を取ることはある。これはある意味、とても素直な反応だ。辛いから、行かない。とても素直だ。

でも、誰もがそんな素直な反応ができるとは限らない。たとえば大人になって家庭を持ってから、職場で人間関係がうまくいかなくなって人が怖くなってしまった人だって、たくさんいる。大人になると、仕事を休んで家に籠もることなんて、そう簡単にはできやしない。金を稼

いで、自分の力で生きていかなければならないからね。

そういう人はどうするんだと君は思う？

そういう人はきっと、本当の心は奥に隠しておいて、仮面をつけて、本当の自分は絶対に人には見せないようにしてしのぐという行動を取るのだろうと、僕は思う。

Rさんは、そういうタイプだったんだ。パッと見、すごく元気。すごく明るい。でもそれは仮面で、仮面の下では、ものすごく傷ついたり、怯えたり、腹を立てたりしていたんだな。

Rさんのおばあちゃんは、中国残留孤児だった。国の政策で、ある時、残留孤児が一斉に日本に帰国させられた。Rさんが三歳の頃のことだ。日本に戻ってきたのはいいけれど、おばあちゃんもお母さんも、そしてRさんも日本語が話せない。だって、ずっと中国で暮らしてきたから。

あとになってRさんはこう教えてくれた。

「中国では日本人と言っていじめられ、日本に帰ってきたら、今度は中国人と言われていじめられました」

Rさんのお母さんは、Rさん以上に日本での暮らしに苦労したそうだ。日本語を話せないおばあちゃんと、中国人のお父さんと、幼いRさんを抱え、一生懸命に働いたそうだ。

「お母さんは苦労してるから、心配かけたくなかった」

これもずいぶんあとになってから、Rさんが教えてくれたことだ。

「だから、いつも笑うようにしてたのかもしれない。私が沈んだ顔をすると、お母さん、心配するから」

つい先日のこと。

Rさんが学校に遊びに来たんだよ。彼女は、今、名古屋でブライダルプランナーとして会社を経営している。弱冠二七歳で、立派な社長さんだ。

話が全国大会当時のことになった時、彼女が言ったんだ。

「あのお芝居をやってから、無理に笑わなくても平気になった」

そしてこうも言ってくれた。

「無理して笑わなくても平気になったら、生きるのがラクになった」

長々とRさんの話を書いたのは、君に分かってほしかったんだ。

平気そうな顔をして暮らしている人でも、心のうちでは、人が怖かったり、不安だったりするんだということを。人が怖いっていうのは、不登校になって学校へ行くのがしんどくなった人だけじゃないということを。いっぱしの顔をして、颯爽として見える大人も、いつもニコニコしている先生も、楽しそうな顔をして毎日学校に通っている君の同級生も、みんなそれぞれ、心のなかにいろんなものを抱えて、ギリギリでバランスをとって生きているんだということを。

そう考えると、何も自分一人が特別な人でも、可哀想な人でもなく思えてくるだろ？

みんな、心のなかはそれぞれ大変なんだ。でも、仮面をつけて身を固くして、何とか毎日をやりすごして生きているんだ。

疲れそうだよね。

そうやって生きていて疲れてしまったり、仮面をつけ続けて自分が分からなくなったりした人が、僕の演劇レッスンにはたくさん通ってきてくれる。

そうしてレッスンを見知らぬ人と一緒に受けるなかで、自分を回復していくんだ。

あの頃よりも少しだけお姉さんになった君が、自分の意志で僕の演劇レッスンに足を運んでくれたら嬉しいな。そうしたら一緒に「箸をはさんで立ち上がる」レッスンをやってみよう。

君はきっと大丈夫だよ。

だって、君は僕に手紙をくれたんだから。

君は僕に語りかけてくれたんだから。

戯曲▼Making of「赤い日々の記憶」

【作品情報】

二〇〇四年（平成一六年）一二月、中部日本高等学校演劇大会にて最優秀賞、全国創作脚本賞を受賞した作品です。

この劇は、不登校経験者ばかりの刈谷東高校演劇部が、『赤い日々の記憶』という朗読劇を大会で上演するまでの、直前の三日間を描いたものです。脇谷くん、三浦さん、星野くん、若山さんは実名で登場し、自分自身を演じます。

二〇〇五年七月に、刈谷東高校はこの作品で全国高等学校演劇大会に出場しました。以降、現在までに五〇回以上、全国で上演を重ねています。

二〇一五年（平成二七年）には、脚本の誕生から全国大会出場までの道のりを描いたミュージカル「赤い日々の記憶」が劇団ポプラにより制作されました。このミュージカルも全国で公演が行なわれていきます。

高校演劇の脚本としては、異例に息の長い作品です。

セットは不要。照明も特に用意しなくてもよい。

場所も選ばない。教室、体育館、公民館……どこでもできます。

男二人、女二人の役者と、カセットデッキ一台、そして舞台に立つ覚悟さえあれば上演できる芝居です。

太字の部分以外は、黒い表紙の台本を見ながら演じてください。黒い表紙の台本は、場面によって、また役者の扱い方によって、朗読劇用の台本になったり、自分の心になったり、手紙になったりします。セリフのなかの〝　〟は、その人物が心のなかで思ったことを表しています。

台本の表紙が黒なのは、なぜか？　それは、あらゆる色を混ぜ合わせると黒になるからです。黒は、豊饒な色なのです。

この脚本の登場人物は、弱い心も、優しい心も、ずるい心も、真摯な心も、己の持つあらゆる心の側面を、一冊の台本を唯一の小道具として使って表現します。

だから、この台本の表紙には黒がふさわしいと、私は思っています。

【登場人物】

若山（前半Aを演じる）……女。演劇部員。

星野（前半Bを演じる）……男。演劇部員。

三浦（前半Cを演じる）……女。演劇部員。

脇谷（前半Dを演じる）……男。演劇部員。

讃美歌が流れる。
若山、星野、三浦、脇谷が横一列に並んで立っている。
若山だけはほかの三人と少し離れた場所に立っている。
四人とも黒表紙の台本を開いている。
闇のなか、四人の上半身だけが浮かび上がって見える。

◆シーンⅠ

Ａ　私の息子は、今、中学三年で、もう二年以上も学校に行ってません。初めは、朝なかなか起きてこなかったり、出かけるのをぐずったりしていたのを、「そんなことじゃだめじゃないの」とか、「少しくらい我慢しなさい」とか、叱咤激励しておりました。
　学校でいじめられたとか、特に何かあったとは聞いていません。ただ、学校の先生にはむかつくとか言っておりましたけど、私は「そんなことはどこに行ってもあることだから、あなたがうまく合わせていきなさい」と言いました。
Ｂ　きっかけは、中学一年生の一学期。二、三日風邪で熱が出て休んだ。なんとなく面倒くさくてもう一日。それから、ズルズルと休んだ。気が付くともう行けなくなっていた。
　それでも、何回かは行こうとした。でも、朝起きるとお腹が痛い。キリキリと痛い。布団からなかなか出られない。すると、もう朝の会の時間に間に合わない。家から出られなかった。教室に入ると思うと、すごいプレッシャーで……。そう考えてると、夜もなかなか眠れない。……すると、朝も起きられない。

母が何回も起こしに来る。「何時だと思ってるの」「いい加減にしなさい」……ますます行く気がしなくなる。分かってない。初めは適当に返事してたけど、無視。そのうち何も言わなくなった。昼頃まで布団でごろごろして……昼夜逆転だ。昼過ぎに起きて、なんか食べて、ごろごろ。ボーッとして、何もする気が起きなかった。

担任の先生が、初めは毎日来た。夜来たし、朝来て学校に連れていこうとした。僕が寝てると、部屋まで来て、布団をはがす……。でも、僕がちっとも学校に行かないものだから、ある日、「こんなに来てやってるのに」って言った。それからパタッと来なくなった。結局、体裁だ。あの人は自分のために来てただけだ。ふざけるな。都合のいい時だけ来て。やっぱり大人は信用できない。親切そうにしていても、分かる。なんか魂胆を隠している。大人なんか、みんないなくなればいい。

C　きっかけは、中二の時。小学校から一緒の親友に裏切られた。ある日、学校に行ってみたら、誰も挨拶してくれない。みんなでシカトするのだ。「どうして」と聞いても答えてくれない。

親に心配かけないように、一週間、我慢して学校へ行ったけど、限界だった。朝、布団から出られなくなった。親は、布団をはがして私をたたいた。もともと親には本音は言えなかった。どうせ言っても分かってくれない。担任が家に来た。仕方なくシカトされたことを言ったら、「じゃあ、俺が話をしてやる」ってことになって、みんなと話をしたらしい。そうしたら、また来て、「もうシカトしないって言ってるぞ」「でもな、お前にも悪いところがあるんじゃないのか。お前からも謝った方がいいぞ」……みんなの話をまともに信じてしまっているのだ。もういいやと思った。

先生は、「明日から学校来て、仲直りしろよ」と言う。……全然分かってない。そんな単純なものじゃない。次の日、メールが来た。「ちくったな」「うざい」「死ね」「一生来るな」。あれで先生がつとまるんだから、世の中、平和だ。

もう、私の方こそ、一生許さない。みんな死ね、って思った……。

D　きっかけは、高校に入ってから。サッカー部に入ってたけど、だんだん面白くなくなった。勉強も嫌いだった。だから学校に行かなくなった。

昼頃起きて、あとは漫画と音楽。あんまり外には行かなくなった。たまにコンビニに行くくらいだ。

母は家にいたから、うるさかった。うるさく言われると、こっちも切れて、物を壊した。ガラス割ったり、壁に穴開けたり。だんだんエスカレートして、テレビ壊したり、ドアを壊したり……。車のタイヤをパンクさせたこともあった。

父は、逃げていた。もともと話もしなかったし、帰りが遅いし、顔もほとんど合わさない。全部母に任せっぱなし。たまに、なんか言うこともあるけど、僕がすごむと黙る。情けない。

◆シーンⅡ

A　そのうち昼夜逆転してしまって、家族を避けるようになりました。何も話してくれないし、部屋にこもってほとんど出てこなくなってしまって。

何とか、学校に行ってほしくて、あちこちに相談に行きました。仕事も辞めて家にいるようにしましたし、できる限りのことはしてきました。親が、子どもに学校に行ってほしい、と願うことは当然ですよね。初めから「学校は行かなくてもいいよ」なんて言う親御さんがいらっしゃるでしょうか？親としては、子どもにいい高校へ行って、いい大学へ行って、いい会社に入ってほしいと願っておりました。親の見栄と言われれば、そうかもしれませんが、子どもに幸せになってほしいと願えばこそだと思います。

それを、いろいろな専門家の方は、「子どもは親の言う通りには育ちません」とか、「学歴志向は間違ってます」とか、「子どものしたいようにさせてあげてください」とか、「一三年かかってこうなったのだから、治るのに一三年かかります」とか言われて。なかには、はっきり、「お母さんの育て方が間違っていました」と言われた方もいます。

まるで、私一人が悪いように言われたり……。子どもを悪くしようと思って育てる親がどこにいますでしょうか。私だって、子どもに良かれと思ったことを、一生懸命やってきたんです。子どもだって、やりたいと言ったから、塾だって、習い事だってやらせてきたんです。それを、今になって「本当は行きたくなかった」と言われたって……。

D　ある日、母を殴った。母は泣いたけど、その時は「いい気味だ」「お前のせいだ」と思った。

そのうち、いろいろ要求するようになった。「ステレオ買え」「バイク買え」「寿司買ってこい」。金はあったから、ほとんど何でも買ってもらった。ステレオ、パソコン、テレビ、バイク。でもすぐ難癖つけて、壊して、殴った……。

そのうち、警察が来た。さすがにおとなしくしたけど、またすぐ暴力を振るった。自分じゃあどうしようもなかった。

それでも父は逃げてた。母はどこかに行ってしまい、家に一人でいることが多くなって……寂しかった。

B　どんどん昼夜逆転がひどくなり、昼間寝て、夜起きた。ほとんど部屋にいて……外には行かなかった。家族とも話さず……僕の時間は止まった……。一年間、外に出なかった。外は怖い。怖ろしい……。カーテンを閉めて、一年中エアコンをかけていた。外から覗かれないように……。

ついに病院に連れて行かれた。精神病院だった。ちょっと風邪を治すとか何とか言われて……。親は、僕がおかしくなったと思ったのだ。医者は「死なないから大丈夫」と言った。「バカヤロー」と思ったけど、何も言えなかった。とにかく「帰る」の一点張りで帰ってきた。薬もくれたけど、一回も飲んでない。あれで「心の医者」だって？　大笑いだ。あんな奴に人の心なんて分かるものか。

C　それからは、何にもやる気がしない。生きてる感じがない。自分のからだも自分のじゃないようだ。食欲もなくなって、あんまり食べずにボーッとしていたから、痩せた。

それで、リストカットした。切ったら痛いし、ツーッと血が流れる。それを見て、「ああ、私、生きてる」と思える。その時だけはリアルに感じる。でも、しばらくするとまた、生きてる実感がなくなる。それで、また、切る。その繰り返しだ。

それも親に見つかった。クリニックに連れて行かれて薬をもらった。

飲んでもあんまり変わらなかった。私は医者も薬も信用していなかった。「誰も私のことなんか分かってくれない」と思ってた。

母はいつもお姉ちゃんばかりほめる。お姉ちゃんは頭も良いし、スポーツもできるし、友だちも多い。私はとてもかなわない。「お姉ちゃんを見習ったら」といつも言われていた。私だって、一生懸命やってたのに。

◆シーンⅢ

A　私だって、子どものために、働きに出て、お金の余裕がなかったものですから、疲れて帰ってから家事をして、また次の朝は五時に起きて、お兄ちゃんのお弁当を作って、とからだに鞭打ってがんばってきたんです。それを、私が悪いと言われたら……。
主人はどうなるんですか？　主人に責任はないんですか？　子育ては夫婦でするものでしょう？主人は「子育てはお前に任せた」という感じで、子どもにはほとんど構ってくれません。主人は家に帰ってくれば、ごろごろして休んだり、日曜にはゴルフ行ったりして息抜きしてますけど。じゃあ、私はどうなるんですか？　私は？

朝早くから夜遅くまで、休む間もないんですよ。日曜だって、普段できない洗濯したり、大掃除したり、草を取ったりと、遊ぶ暇なんてありません。私は、お手伝いさんなんかじゃありません。この二〇年、ずっと我慢してきました。もう、本当に疲れました……。誰も私の辛さなんて分かってくれません。

C　ガリガリに痩せて、本当に食べられなくなった。毎日のように手首を切った。入院して、医者は「これ以上痩せたら死ぬ」と言った。
「このまま死ぬのもいいかな」と思ってた。母は毎日泣いていた。でも、実感がなかった。「あんたのせい」って思っていた。「復讐。いい気味だ」

母は、仕事を辞めた。ずっと病室にいるようになった。私は小さな子になった。「ゼリー食べさせて」「本読んで」「一緒に添い寝して」

母は、毎日一冊ずつ本を読んでくれた。絵本とか、小学校の一、二年生が読むような本。面白かった。母は、だんだん私の気持ちを分かってくれるようになった。「今まで、お前の気持ちを分かってあげられなくて、ひどいこと言ったりしてごめんね」と言って、二人で泣いた。

早く元気になって、学校へ行こうと思うようになったのは、それからだ。中三の三学期になって、私は保健室まで行けるようになった。それでも、シカトされた子たちに会うと、ダメだった。からだがこわばって、真っ白になった。また、手首を切った。
D　母が帰ってくると、こき使って、殴った。骨にひびが入って入院したこともある。やりすぎたと思ったけど、退院してくると、また繰り返した。
ある日、母を殴っていたら、父が止めに入った。「お前は関係ない、すっこんどれ」と言うと、父は殴りかかってきた。ボコボコになるまで殴り合った。「もう、やめよう」言ったのは僕の方だった。「母さんを殴るのはよせ。殴るなら俺が相手だ」

父は言った。

あちこち痛くて、しばらく動けなかった。父は夜、病院へ行って、朝になるといつも通り会社に行った。あとで知ったことだが、父はあの日、肋骨にひびが入っていたらしい。その日から、少し、父を、見直した。

それからは、もう殴ったり、物を壊したりしなくなった。

前の学校は、結局、退学した。もう一度やり直そうと思って、今の学校に入った。

B　ますます人が怖くなって、外に出なくなった。家族にも、会わないように避けていた。それが一年くらい続いた。さすがに、何とかしなきゃ、と思い始めた。でも、自分ではどうしていいか分からなかった。そんな時、市の広報に、「ふれあいルーム」が載っていた。ここに行けば、仲間がいるかもしれない。気の合う奴と会って、結構話ができた。ボランティアのお兄さん、お姉さんと、いろいろ話したり、遊んだりした。自分のことを話してくれたり、僕の話を聞いてくれた。

中三になった。このままでは高校に行けないと思った。少しずつ学校へ行くようになった。

教室には行かない。別の部屋。僕のような子が三、四人いた。そこで自分で勉強した。

◆シーンⅣ

A　もう、いっそのこと、死んでしまった方が楽だと何度か思いました。でも、子どものことを考えると、死ぬわけにはいきません。私はどうすればいいんでしょうか？　誰か、私が生きている意味を教えてくれませんか？　私には、分かりません。

B　初めの頃は、そっとしておいてほしかった。お腹が本当に痛くなったから。でも、担任が来なくなった時、怒れたけど、寂しかった。見捨てられたって思った。毎日来なくていいけど、たまでいいから、ずっと来てほしかった。あの頃の僕は本当に変だったから、病院に行った方が良かったかもしれない。でも、ちゃんと説明してほしかった。納得すれば、僕だって自分から行った。騙すようなことはしてほしくなかった。

　何よりも僕の話を聞いてほしかった。誰もまともに聞いてくれなかったから。担任も、話はしてくれたけど、僕の気持ちは聞いてくれなかった。僕の気持ちを聞いてくれる人がいたら、もうちょっと何とかなっていた。

C　初めの頃は、私の気持ちを分かってほしかった。先生も親も、誰も分かってくれなかった。一方的に自分の考えを押しつけるだけだった。私の話を聞いてほしかった。

　私は、母に認めてほしかったんだと思う。お姉ちゃんと比べるのではなく、私だけを見て、そのままの私を認めてほしかったんだと思う。

D　僕は甘えていたんだと思う。面白くないのを人のせいにしていた。本当は、誰かに止めてほしかった。父は僕にかまってくれなかった。母も無抵抗だった。どれだけやったらいいんだ。どれだけやったら僕を止めてくれる？

　殴ったって、面白いわけじゃない。本当は悲しかった。殴りながら、心のなかは泣いていた。母には、本当に悪いことをしたと思ってる。もう心配かけたくない。高校出たら働く。働いて、早く母を楽にさせてあげたい。

◆シーンV

A　一緒に死んでしまおうと何度思ったことかしれません。憎くて殺したくなる日もありました。でも……できませんでした。

あの子がほんの小さかった頃、こんなふうになるなんて思いもしなかった。あの頃の私はその日一日を過ごすのに一生懸命で、日々の小さな変化が本当に新鮮で、嬉しくて、今日は笑った、今日は「まんま」と喋った、今日は母の日に似顔絵を描いてくれた……小さな出来事に心を躍らせ、心を曇らせ、あの子の様子にただただ一喜一憂して過ごしておりました。

今もあの頃と同じです。今も私はあの子のほんの小さな変化に一喜一憂して暮らしています。今日は「おはよう」と言ってくれた、今日は起きてきて一緒に昼ご飯を食べた、今日は学校に行けた、学校に行けた、学校に行けた！　今日、息子は学校に行きました。まだ保健室までですが、自分の意志で校門をくぐることができました。

私は一喜一憂しています。息子が幼い頃と同じように。私にとって、あの子は、いつまでも、小さな頃のあの子なのかもしれません。

音楽、止む。照明が明るく点く。

そこは朗読劇練習中の体育館ステージであった。

星　野　（ほかの部員たちに）お疲れ様。じゃあ、明日も四時から。

ほかの部員、返事もしないで、カバンをまとめたりして帰り支度を始める。

脇谷・三浦、ろくに挨拶もなしに体育館を出てゆく。

星野も自分の荷物をまとめ終え、二人から少し遅れて帰ろうとする。が、若山がまだ残っていることに気付き、途中で歩を止める。

若山は、ペタンと床に座って、台本を開いたまま、うつむいている。

星　野　〝オレは少し変な気がした。なぜ帰らない？　いつもはバイトだデートだと言って一目散に帰ってゆくのに。携帯でもいじっているのか？〟（若山に）ねえ。
若　山　……。
星　野　ねえ！
若　山　うん？
星　野　オレ、帰るけど、鍵よろしく。
若　山　はい。（ト、台本に目を落とす）
星　野　〝変な奴。オレはその日バイトが入ってた。六時から中華料理屋の皿洗い。喉が渇いたから、バイトに行く前に何か飲みたかった。それでオレはそのまま体育館を出ちゃったんだ〟

星野、体育館を出てゆく。

ジョージ・ウィンストン「Thanksgiving」が流れ始める。

若山、手紙を読む。


若山　私から、私が演じてるお母さんへ。お母さんは、私と似てるかも……。私もね、いろんなことを一生懸命やってるのに、全然うまくいかなくて、私が間違ってると言われたりして、もう死んでしまいたいなんて考えて生きています。……でも、悲劇のヒロインになりすぎてたかもしれないと最近気付くことができました。自分だけが悲しい思いをしてるわけではなく、自分だけが不幸なわけではなくて、ほかにも苦しい思いをしながら過ごしている人は、たくさんいると思います。だから私は、苦しい毎日にも負けないで、戦って生きていきたいです。お母さんにもそうしてほしいです。

あともう一つお母さんに言いたいことがある。お母さんは、不登校の子どもの気持ちを全然分かってない。不登校の子は、本当は学校に行きたいんだよ！　でも行けないの。そりゃあお母さんだって子どもが不登校になってしまって辛いだろうけど、子どもだって死にそうなくらい辛いんだよ！　お母さんが味方になってあげなきゃ息子さんは誰に甘えたらいいの？　学校には息子さんの居場所がないんだよ！　家にいてもお母さんが味方じゃなかったら、家にも息子さんの居場所がなくなっちゃうじゃん！　それに殺したくなるって何？　そんなの母親失格だよ！　自分の子どもが憎いなんておかしい！　息子さんに悪いよ。

私も不登校だったよ。小学校からずっといじめられてて、中二の時、我慢の限界になって不登校になった。……でも、本当は行きたかった。みんなと同じように、制服着て、友達とバカみたいにさわいだり、学校帰りに寄り道したり、そんな当たり前のようなことが本当はしたかった。不登校になってから、通っていたフリースクールではうまくいかなかった。先生に差別されている気がして、本当に仲の良い友だちもいなかった。必死に高校に入ったけど、同じことの繰り返しだった。学校には目立つ存在と目立たない存在があって、学校にいても、自分の居場所がない気がする。私は何のために学校に通っているのか、学校に通っていて、何か私のためになるのか、そんなことを考えて、学校辞めたいなと思ってます。でも、辞めても何していいか分からないし、辞めたら後悔する気もして、どうしていいか分かんなくて、つぶれそうです。高校に入っても、立ち直ることはやっぱりできなかったみたいです。

音楽、止む。ゆっくりと暗くなる。

再び、明るくなると、三浦・脇谷が若山を囲むようにして立っている。

若山は台本を手にしたまま呆けたよう。

星野は、三人と少し離れた場所に立ち、冷ややかに三人を眺めている。

三　浦　〃次の日の授業後、体育館に行ったら、若山さんが呆けたように座っていた。夏の大会まであと二日しかない。若山さんは明らかに変だった。でも今、変になられたら困る。大会に出られなくなる〃（若山に）ねえ、どうしたん？

若山　……。
三浦　何かあったの？
若山　……。
脇谷　〝オレは舞台を踏みたかった。オレはプロの声優になりたい。オレは今までずっと一人でビデオ見たり、発声したりして、自分を鍛えてきた。それでいよいよ夢への第一歩を踏み出そうというのが、この大会の舞台なのだ。今さら出場辞退なんて困る。つまらない台本だけど、オレの力がどれほどのものか試すにはいいチャンスだ。辞退なんて絶対しない〟（若山に）なあ、みんな心配してるんだから。どうしたんだ？
星野　〝別にほかの奴がどうなったってかまわない。オレがホントにやりたかったのはお笑いなんだ。コントなんだ。オレはほかの奴に提案したんだ、コントやろうぜ。やってみろよって話にすぐなって、やってみた。自信のあるネタだった。なのにほかの奴らはクスリともしなかった。若山なんか芝居とコントは違うなんて言いやがった。そうなのか。違うのか、芝居とコントは。別にだから、オレは辞退したって構わない。何だよ、こんな陰気な台本。やったって誰も喜ばねえよ〟
三浦　（若山に）みんな心配してるんだよ。どうしたのか言って。
星野　〝ホラ始まった。三浦、お前は心配なんかしてねえよ。心配する相手を見つけて、心配して時間潰ししてるだけなんだよ。みんななんて言うなよ、オレは心配してないんだから〟
脇谷　（若山に）やろうぜ、練習。本番まであと二日しかないんだからさ。オレたちの本音をほかの学校の奴らに見せてやろうぜ。不登校の気持ち、演じられるのは不登校経験者のオレたち刈谷東の生徒だけなんだからさあ！

星　野　〝え、おい、脇谷。こんなのオレたちの本音じゃないよな。こんな台本、ただのキレイゴトだよ。オマエ、まさか本気で言ってるわけじゃないよな。オレ、知ってんだよ、お前が声優になりたがって、家に帰るとアニメばっかりずーっと見てるの。お前、今のセリフ、青春もののアニメのセリフみたいだよ、なりきりか、お前は。あ〜あ、ホント、バカばっかだよ〟

若　山　（ずっと呆けたように台本を見ていたが、ゆっくりと顔を上げ、震える声で）お返事が来たの。私が演じているお母さんから……。ううん、手紙とかそういうのじゃなくて、私の頭のなかに声が聞こえて、私はお母さんと話をしてた。ずっと一晩中。お母さんの気持ち、それで私は分かった。私は自分がどれだけ悪い子だったか分かったの。（台本を胸に抱き）この台本、キレイゴトなんかじゃないよ。ダメなのは、私だった。バカにしてちゃんと向き合おうとしなかった、私だった。ううん、違う。バカにしてじゃない。ほんとは……この台本と向き合うのが怖かった、私は。（周囲に立つ三人に向かって）ねえ、みんな、みんなはどう思う？　みんなもお返事ほしくない？　みんなも向き合ってみようよ。

脇谷・三浦、気おされたように動けない。星野だけ後ずさる。

星　野　〝ホントにイっちゃってる奴を見るのは初めてだった。オレは怖くなって、ナイショで少し離れた。脇谷、三浦は……オイ、オマエら、離れろ。そいつはイっちゃってるんだぞ。頭のなかにヘンな電波がとんできて、指令が出たからって人を切ったりするたぐいの奴だぞ。離れろ、切られるぞオマエら。おい三浦、何、髪なでてんだ。やばいってそれ。こら、脇谷、オマエ、なに近寄ってんだ。うつるぞ〟

脇谷　（オズオズと）……ねえ、若山さん。それ本当？　お返事きたの？

若山　（嬉しそうに）うん。

三浦　（オズオズと）……ねえ、若山さん。どうやったらお返事きたの？

若山　お手紙書いたの。

脇谷　手紙？

若山　自分の体験をもとにして、あなたの考え方について、私はこう思うって何通も何通も書いたの。そしたらお返事が来て……。

三浦　（オズオズと）……私もできるかな。

若山　（嬉しそうに）できるよ、きっと。

脇谷　（オズオスと）お返事くると、どう？

若山　嬉しいよ。相手の気持ち、よく分かるし。それに……。

三浦　それに？

若山　（噛みしめるような口調で）自分、自分って思わなくなる。

三浦　私も書いてみるよ、お返事。

脇谷　オレも。

若山　（嬉しそうに）うん。

三浦　だから、練習やろ。もう時間ないからさ。
若山　うん。

若山、三浦・脇谷を見上げ、手を差し出す。
脇谷、手を取り若山を立ち上がらせる。

三浦　星野。やろ、練習。
星野　（怪訝そうに）……オウ。

四人、朗読劇の配置につく。

四人　赤い日々の記憶。

暗くなる。闇のなか、星野が浮かび上がる。

星野　〝若山さんの声は、前の日までとまったく違っていた。明らかに違ってた。三浦も脇谷もそう思ったと思う。オレは恥ずかしいけど、若山さんの読みを聞いて、グッと胸がしめつけられるような感じがした。読み終わったあと、盗み見すると、若山さんの頬は濡れていた。練習が終わったあと、喋りもしないで、三浦も脇谷も妙に真剣な顔で帰っていった。オマエら、何考えてんだ。まさか……やめとけよ。そんなことあるわけねえじゃん〟

暗くなる。闇のなか、脇谷が浮かび上がる。脇谷は手紙を読み始める。
ジョージ・ウィンストン「Thanksgiving」、流れる。

脇　谷　オレが演じた君へ。君は、すぐに人や物にあたるね。その行為は最悪なことだ。君は、「どれだけやったら僕を止めてくれる?」と言っていた。そうやって、自分の暴力を、止めてくれない親のせいにしていたよね。……君は、本当に馬鹿だよ。オレは、親や大切な人のせいにして、自分は悪くないと言い張る人が一番許せないんだよ。別にオレは、正義の味方ぶるつもりはない。だけどね、君はただ逃げていただけ。そんな人が、これから変われるはずがない。……じゃあ、どうすれば君は本当に変われると思う?……答えは簡単だ。自分と向き合えばいいんだよ。働いて、親を楽にさせることだけがいいことではないよ。変わった自分を親に見せてあげな。それが、親には一番いいことだと思うからね。

オレは、昔から何一つ変わらない。不登校になった時も、それからまた学校に通うようになった今も。昔オレは、学校に行かなくなった。なぜかと言えば、無駄だと思ったからだ。みんな、同じように同じことをしていた。中学生時代はその繰り返し。とても無駄な時間を過ごしているように見えた。自分のやりたいことを分かろうともしないで。あの時、みんな、自分という存在がなかったように見えた。オレは、そのなかに入りたくなかった。自分を持ちたかった。だから、学校に行かなくなった。そして今は、学校に通っている。なぜだと思う？　友だちが欲しかったわけでも、勉強がしたかったわけでもない。ただ、高校卒業の資格がほしかっただけだ。それ以上でもそれ以下でもない。ただそれだけだ。

暗くなる。闇のなか、三浦が浮かび上がる。三浦は手紙を読み始める。

三浦　私は手首切ったこともないし、拒食症になったこともないし、友達にシカトされたこともない。私も不登校だったけど、あなたに比べたらずいぶんおとなしめっていうか、あんまりドラマがない不登校だったと思います。あなたはスゴイよ。自分を傷つけるんだもの。私なんか臆病でそんなことできない。でも、一つだけすごくよく分かったところがあった。あなたが手首切って、切った時だけ「生きてる感じ」がしたってところ。その感じ、私も分かる。私は物を壊すタイプだった。何だか気に入らない感じが襲ってくる。それはいつ、どんなキッカケでやってくるか分からない。でも、いったんそれが来てしまうともうダメ。渦か竜巻にでも飲み込まれている感じで、もう手あたりしだいに周りの物、壊すの。ガラス、机、壁、もうすごかった。そんなふうに壊してる時、今考えてみると、あなたが言った「生きてる感じ」がしてたような気がする。

暗くなる。音楽、止む。闇のなか、星野が浮かび上がる。

星　野　〝次の日。大会二日前の練習。オレは耳を疑った。明らかに違ってた。脇谷なんか、オレよりヘタクソで、声も通らないのに、昨日までとは何かが違ってた。そこにはもう脇谷はいなかった。脇谷は消えて、暴れて母親を殴る不登校児がそこにいた。三浦も同じだ。三浦はそこにはいなかった。リストカット癖のある少女が自分の思いのたけを語っていた。三浦の手首にはリストカットの痕などないし、ましてや拒食症なんかになるはずはない。読み終わったあと、二人とも泣いていた。若山さんも泣いていた。舞台中、涙の洪水警報だった。何なんだ、これは。オマエらに何があった？　四人で舞台に立っていて、オレだけが別物だった。みんな自分と別の人間になっていた。オレだけがオレのままだった。でも、それで何が悪い？　オレはオレだ。ほかの奴になんかならなくていい！　練習が終わったあと、オレは逃げるように体育館を出た。泣きながら他人になっているあいつらに無性に腹が立った。刈谷駅まで歩きながらオレは頭のなかでずっと繰り返していた。オレはオレだ。オレだけでいい。その夜、オレはあいつに手紙を書いた。オレがほかの奴らとは違うってことを教えてやる〟

ジョージ・ウィンストン「Thanksgiving」、流れる。

星野は手紙を読み始める。

星　野　前略、オレが演じているオマエへ。学校に行けなかったのを人のせいにするのは良くない。オレも学校に行ってなかった時があるけど、人のせいにしたことは一度もない。「自分が他人に影響されて動けなくなった」と思うのがとてつもなく嫌だった。自分を動けなくしたのはほかの誰でもなく、自分なんだ。「学校に行きたくない」と思い始めたのは自分だろ？　それなのに「寂しくなったから担任に話を聞いてほしかった」とか言いわけするな。オマエは自分のせいで学校に行けなくなったんだ。そんなオマエが、外に出るのも、外から覗かれるのも嫌だったオマエが、果たしてたった一枚の紙切れに載っていただけの「ふれあいルーム」に素直に行けたのか？　二年という長い間、外の世界と接していなかったオマエが外に出られたというのは、並大抵のことではないと思う。俺はたった数ヶ月外に出なかっただけで、誰とも会うのが嫌になったくらいだ。オレは近くにフリースクールみたいな場所がなかったから、行こうとは思わなかった。もしあったとしても、ほかの学校に行ってない連中と一括りにされるのが嫌だから、行ってなかった。はっきり言ってオレはオマエの不登校に共感できる部分は少ない。


音楽、止む。入れ替わるようにエンヤ「Only Time」が流れ始める。

星野は何が起きたのかと驚いた表情。そんな星野の耳にBの声が聞こえてくる（Bの声は、ほかの三人が分担して読む）。星野とBの対話が始まった。


Bの声　君が演じている僕から君へ。

君は僕に共感できないと言ったけど、ホントにそう？

僕は君に共感できるよ。

君は中学三年の一年間、不登校だった。家から出られなくなり、日中は家のなかで過ごした。

肌は真っ白になり、夏休み明けに君が平気な顔で、実は必死の思いで久しぶりに学校に行った時、真っ黒に日焼けしたクラスメートのなかで、
君が、自分だけ真っ白のことをどう思ったか、どうやって耐えたか、僕には分かる。
君はあの日、自分はほかの奴らとは違うんだと、
君はあの日、自分はほかの奴らとは違って、ダメなんじゃなくて、
君はあの日、自分はほかの奴らとは違って、ホントのことが分かる選ばれた人間なんだと、
自分をはげましたんじゃないのか？

星　野　あの日、まわりの奴らとオレは明らかに違っていた。久しぶりに学校に来たオレに誰も話しかけようとしなかった。二学期になったら来いよ、と誘ってくれた奴まで、オレが本当に来たのを見て、遠巻きにしてヒソヒソ何か言っていた。そんななかでオレは泣き出しもせず、逃げ出しもしないで、がんばって平気な顔をしていた。

Bの声　僕がそうだった。
僕がそうだったから、君もそうだとは限らない。
でも、僕には分かる。同じ不登校経験者として、
自分はほかの人間と違うと思いたい、思って、自分を支える気持ちはよく分かる。
君は、不登校になった自分を支えるために、もともと強かった自尊心を、
あの日、九月の暑いあの日、
久しぶりに見たクラスメートのなかに独りぼっちで真っ白だったあの日に、

もっともっと強く持ってしまったんじゃないのか。
僕がそうだった。僕はそうやって自分を支えた。
僕がそうだった。自分はほかの奴らとは違うんだ、そうやって自分を支えてきた。
君はどう？
君は違う？
僕は君のことが分かる。君の気持ちが分かる気がする。
君はどう？
君はどう？
君はどう？

星　野　オレはその日以来、また学校に行かなくなった。部屋に閉じこもり、やることもないからベッドでごろごろしていると、クラスメートのヒソヒソ笑いが聞こえてきて、オレは苦しくてたまらなかった。オレはクラスメートを憎んだ。誰もオレの気持ちなんか分からないと思った。そして、それならそれでいいと思った。分かってもらおうと思うから辛いんだ。人は所詮、生まれた時から一人なんだ。ならそれで結構だ。オレはオレで好きなようにやる。そうだ、オレはオレだ。理解だの、共感だのは要らない。ましてや同情だの、哀れみだのはクソ食らえだ。オレはオレ。誰にも理解されなくていい。その代わりオレだって理解なんかしてやるもんか。

Bの声　僕らはかつて不登校だった。学校に行けなかった。人が怖くて外に出られなかった。自分が嫌いで、でも本当はかわいくて仕方なく、周りを認められず、自分のなかに閉じこもった。

君も僕も、今は学校に行っている。こんなふうに制服を着て、クラスメートや部活の友だちと、喋ったり、ジュースを飲んだりしている。

でも、本当にそうか。

本当に君は今、誰かと一緒にいるのか。

本当に今の君は、不登校の頃の君とは違う君なのか。

君は今でも一人だ。

君は友だちを認められるか？

君は脇谷を認められるか？　声優になりたいと一心に念じている、けれどヘタクソな脇谷を認められるか？

君は三浦を認められるか？　人の心配ばかりして、自分から目をそらして日々をやりすごしている三浦を認められるか？

君は若山を認められるか？　自分にしか興味を持てず、自分のことを語りたい気持ちに突き動かされ、話を聞いてくれる人を探して、学校中をさまよい歩く若山を、君は認められるか？

君は、
君は、今でも不登校のままなんじゃないのか？

星　野　オレは三浦たちを認めている。あいつらがどんな奴か、よく分かってる。それにだ、オレはオレで、オレ一人で、ほかの奴なんかいなくても別に構わない。
Bの声　ウソだ。

ウソだ。
ウソだ。君は誰も認められない。君は周りに自分以外の人間がいることは理解してる。その人間がどんな奴かも理解してる。でも、理解することと認めることは違うよ、きっと。
それに、
それに、君は一人でかまわないなんて思ってはいないよ。その証拠に君は……。

音楽、止む。

Bの声　（無限の慈しみをもって）君は、僕に語りかけてくれたじゃないか。

星野、自分の心のなかに否定しがたくある、他者を求める気持ちに気付き、ハッとした表情になる。
ゆっくりと暗くなってゆく。開演五分前を告げるベルが鳴る。
今日は、高校演劇の大会の日だ。
闇のなか、一列に並ぶ四人の上半身が浮かび上がる。讃美歌が流れ始める。

若　山　〝大会当日。星野はみんなより少し遅れて会場入りした。楽屋で発声練習した時、星野の声は違ってた。なんて言うか……そう、すこしヤル気みたいだった〟

三浦　〝私には分かった。星野もお手紙書いたんだなって。やったね、と思った〟

脇谷　〝オレたちは今、幕が上がるのを待ってる。1ベルはすでに鳴った。オレたちはこれから朗読劇「赤い日々の記憶」を演じる。オレは思う。星野はきっと涙するだろう。さっきうつむいて台本をチェックしている星野を見て、オレはそう思った〟

開演を告げるベルが鳴る。

若山　（星野に）２ベル。幕、開くよ。

若山・三浦・脇谷、星野を見る。

星野　（ゆっくり台本から顔を上げ、決意を込めた口調で）みんな、やろうか。

三浦　おう。

脇谷　おう。

若山　おう。

全員　（観客をしっかり見据えて）「赤い日々の記憶」。

音楽、大きくなる。

（了）

【レッスン：箸をはさんで立ち上がる】

①二人一組で実施します。目を閉じて、向き合ってしゃがんだ状態で、お互いの人さし指を箸の片方ずつに添えて、落ちないように支えてください。
②箸を落とさないように気を付けながら、二人で立ち上がってください。この時、声をかけて合図をしてはいけません。
③立ち上がることができたら、次は、箸を落とさないように、どちらか一人が一回転します（箸の下をくぐるように回ってください）。これも、前もって、どちらが回るかを決めないで行なってください。
④そして再び、二人で一緒に、元のようにしゃがみます。

①〜④を通じて、お喋りをしてはいけません。また、途中で箸を落としたら、最初からやり直しです。
このレッスンには二つのねらいがあります。

箸を通して、指先で相手の気配を感じること。これが一つ目のねらいです。気配を感じるというのは、相手が今、何をしているかを感じ取り、想像するということです。

相手を替えて、何回もやってみてください。箸を通して感じられる気配が一人ひとり違っていることに気付くはずです。

「この人はグイグイ押してくるな」

「押しが弱くて、どこにいるのか想像できないよ」

こんなふうに、気配は一人ひとり違うはずです。この気配の違いこそが、「人」一般ではなく「その人」です。

一緒に箸を支えている、たった一人の「あなた」の気配を感じ取ってほしいのです。「私」の目の前に確かに存在している、「私」と異なる存在としての「あなた」。「他者」としての「あなた」を感じ取ること。これがこのレッスンの一つ目のねらいです。

このレッスンの二つ目のねらいは、こんなシンプルなレッスンでも、一人ではできないと実感することです。

たとえばあなたが箸の下をくぐって回ろうとする時、箸を落とさずに回りきるためには、あなたが回ろうとしているのを、相手の人が箸を通じて感じ取り、あなたの動きに合わせて、自分の手の高さや、指先に当たる箸の具合を微妙に調整しなければなりません。

「本当にそうなのかな?」と思う人は、ためしに壁との間で箸をはさんで回ってみてください。絶対に回れないことが分かります。なぜなら、壁は合わせて動いてくれないからです。相手の人が、あなたの気配を感じ取り、あなたに合わせて、上手く指先や腕でバランスをとってくれるから回れるのです。

気配を感じ取るのが不得手な人は、ゆっくりゆっくり、やってみてください。必ずできます。「押し」の苦手な人同士がペアになった場合には、「私はここだよ、君はどこなの」と、ツンツンと箸を押して合図してみてもいい。そんなふうに、押す練習から始めてみてもいいんです。

また、それまではうまくいっていたのに、いざ回転する段になると、途端に押しが弱くなって気配が消えてしまう人も多いようです。そんな時は、回転する途中で動きをいったん止めて、息を入れてみましょう。

とてもシンプルなレッスンですが、シンプルなだけに、参加者のそれぞれの人の「あり方」を映し出すレッスンです。自分について、ペアになった人について、思いがけない気付きがあるはずです。

【レッスン参加者の声】

・箸を通して相手の行動が感じ取れたのがとても嬉しかったです。箸がお互いの指に吸いついているような感覚が心地よかった。

（社会人・女性）

・人によって押し方がいろいろだった。なかなかできなくて、残って参加者のみなさんが輪になっている真ん中でやった。最初はみんなに見られているので、余計に緊張して嫌だったけど、周りの方が声をかけてくれたので、なんだかみんなでやっているような気がして、すこし心が軽くなった。

（社会人・女性）

・一人目の相手は、なかなかうまくできなかった。僕は腕が伸びていた。無意識に相手を拒絶していた。先生から言われて意識的に腕を曲げてみた。相手の気配がうんと近くで感じられた。
（高校生・男性）

・回る瞬間、私は力が抜けてしまうらしい。先生に言われて、その時に動きを止めて、力を入れるように変えてみた。すごく怖かった。自分のいつもの動きを変えるのがこんなに怖いとは思わなかった。でも動きを変えたらちゃんとできた。すごく嬉しかった。
（社会人・女性）

・割り箸を指一本で支えて目をつぶって一回転するところを見た時は、「これ難しそう」と思い、実際に初対面の方とやってみて、人と人は、お喋りしないでも、こんな方法で分かり合えるんだと思いました。
（中学生・女性）

・相手が合わせてくれるから回れるんだと分かりました。壁相手では先生が言った通り回れませんでした。
（高校生・女性）

・久々に相手に対して頭をつかった。基本的に自分は一人で行動するのが好きなので、スポーツも個人競技をやっています。そこでは自問自答して自分を改善してきたが、箸のレッスンではパートナーがいて、いつもとは違うような答えが返ってくるのが新鮮だった。「相手を思い、自分が動く」ために何が必要か、考えさせられた。
（高校生・男性）

・初めてこの授業を受ける子は、緊張からなのか、相手と距離を取ってやっている子が多いように思った。でも、何回かやるにつれて徐々に二人の距離が近づいていって、そうすると、相談する時も、普通に笑い合いながら話ができるようになっていって、人と人は、こうやって距離を縮めていくのかと改めて実感できた。

（高校生・男性）

❷ 変わりたい、変われない、変わりたくない

戯曲▼　便所くん～男だけの世界

レッスン▼ティッシュ吹き

前略。

お手紙、拝見しました。

演劇表現の授業に参加したい旨、了解しました。僕の演劇の授業は、一般の方がいつ参加してくれても大歓迎です。都合のいい時にいらしてください。職場の人間関係がうまくいかず、休職されたとのこと。この機会にゆっくり休んでください。

お手紙に書かれていた年齢を拝見して身につまされました。僕とほぼ同い年なんですね。

手紙には、どうやったら人は変われるか教えてほしいとありました。

五〇歳近くになって「変わりたい」と願って、見知らぬ僕に手紙をくれる。その真直さに、僕は打たれます。僕の周りの四〇代、五〇代の人たちで、「変わりたい」と切実に思っている人はどうも少なそうです。いや、本当は、心のなかではそう思っている人もたくさんいるのかもしれない。でも、口に出したり、行動に移す人はあまりいないのではないか。その日をしのぐのに精一杯で、うまくいかないことがあっても、「人生なんてそんなもんだ」と上手に自分の心もちを自分自身で騙して日々をやり過ごす……。四〇代、五〇代って、そんな人もたくさんいるように思えます。

演劇レッスンに参加してくれた人のなかで、僕が「変わったなあ」と思えた方のことを書いてみましょう。

Ｋさんは大きな会社の役員をしています。立派な社会人です。息子さんは中学校の頃に不登校になって、刈谷東高校の生徒でした。

その息子さんが演劇部に入ってきた。ちょうど「便所くん〜男だけの世界」という芝居を作っていた頃で、例によって部員が辞めてしまい、用務員さん役が足りなくなりました。演劇部員の一人がたまたまＫさんの息子に声をかけて部員にしてしまったのでした。

その頃、僕は演劇レッスンを学校外で本格的に始めたばかりでした。

息子が家で話したのでしょう、Ｋさんは私の演劇レッスンの常連さんになってくれました。

出会った頃のＫさんは、とてもカッコつけの人でした。「与えられたミッションはできなきゃいけない、できて当然だ」という、会社での姿勢が染みついていたのでしょうか、レッスンの場でも課題をこなすことに夢中になってしまいます。効率よく、スマートに課題をやり遂げようとしてしまう姿がしばしば見られました。

そんなＫさんが初めて「ティッシュ吹き」をやった時のことです。

「ティッシュ吹き」は単純なレッスンです。一枚のティッシュペーパーを、手を使わずに、ふうふうと吹いてゴールまで運んでゆく、というだけのレッスンです。

まずは一人でやります。Ｋさんは、たいして苦労もせずにゴールまで辿り着くと、なんだ簡単じゃないかという顔をして、ゴールまで進めない人にアドバイスをしていました。

次に八人くらいのグループで同じことをやります。グループのメンバーが交代で一枚のティッシュを吹いてゆくのです。

一人で吹いて進んだ時に簡単にできてしまったから自信があったのでしょう、Kさんはグループを仕切っていました。八人のメンバーの立ち位置を決め、最初に吹くのはあなた、次に吹くのは君と指示を出していました。高く吹き上げ、しかもゴールに向かって前に進むためには、ティッシュの真下に入ってはだめなんだ、と吹き方も教えていました。グループのメンバーも神妙にKさんの話を聞いています。その様子は、ミッション完了に向かって、効率よく、一丸となって取り組む上司と部下みたいだと僕は感じました。

ところがKさんの指示通りにやっても、ティッシュは前に進みませんでした。宙に浮き上がったティッシュは、予想通りの動きをしてくれません。ひらひらとあらぬ方向に舞っていきます。

Kさんは次第に焦ってきたようです。グループのメンバーに声をかけ、指示の徹底を図ります。あきらめそうになるメンバーを励まし、挙句の果てには一人ひとりに吹き方から練習をさせ始めました。

ほかのグループも簡単にはゴールに辿り着きません。その点はどのグループも大差ありません。しかし、時間が経つにつれて、キャアキャアと歓声を上げながら取り組むグループとお通夜のように静まり返ってゆくグループとができてきます。Kさんのグループは、後者でした。

見かねた僕はKさんのグループに提案しました。

「何も決めずに適当にやってください」

Kさんは不服そうでしたが、とにかく一回やってみて、と重ねてお願いして、Kさんの決めた吹く順番も立ち位置もまったく気にせずやってもらうことにしました。

吹く順番が決まっていないから、吹くか吹かないか自分で決めて動かなければなりません。立つ場所も決まっていないから、自分で決めて位置取りしなければなりません。決められた役割を果たすよりも、よほど自分で刻一刻と身の処し方を判断しなければなりません。

初めは、遠慮し合っているうちにティッシュが床に落ちてしまう場面も見られました。しかし、何度か失敗するうちに、みんなが遠慮なく一枚のティッシュに群がっていくようになってきました。ぶつからないように、自然とお互いに声をかけ始めて……。そうなったらしめたものです。がんばってゴールしようという思いは、Kさんのおかげで最初からみんなが持っていました。次第にグループ全員がごろごろ床に転がってティッシュを吹き上げるようになりました。もう誰も順番なんて気にしていません。自分が失敗して笑い、ティッシュの動きが予想外だったと言っては笑い、人の動きが面白くて笑い……みんなで大笑いするようになりました。

Kさんは、というと、ほかのメンバーと同じようにごろごろと床に転がり、少しも前に進んでないのに大笑いしています。

その日のレッスンには、五〇人くらいの人が参加してくれていました。六つのグループがあったなかで、Kさんのグループだけ最後までゴールに辿り着けませんでした。

レッスンが終わったあとも、Kさんのグループは残ってティッシュを吹いていました。Kさんはずっと笑っていました。

帰り際にKさんが僕に言ってくれました。

「できなくても、嬉しかった」と。

この日の僕の記録にはこんなメモが残っています。

〝みんなでやるティッシュ吹きは祝祭〟

Kさんの息子は、入部したての頃は用務員さん役でしたが、部員が辞めてしまったため、全国大会では、主役の便所くんの声を担当することになりました。

Kさんの息子は声が小さかった。全国大会は東京・四季劇場が会場でした。本番三日前、東京に移動しました。リハーサル初日、やっぱりKさんの息子は蚊の鳴くような声しか出せませんでした。

僕はKさんに電話しました。ティッシュ吹きのレッスンから半年くらいが経っていました。

「息子が勝負してるんだから、親父が仕事なんかしてる場合か」

電話してから三時間後、Kさんは四季劇場のリハーサル室に現れました。

仕事を全部放り出してきた、とKさんは笑って言いました。

その日から三日間、本番の直前まで、僕はつきっきりでKさんの息子の指導をしました。宿泊先のホテルに戻っても、夜中まで練習し続けました。Kさんはずっと練習に付き合ってくれました。Kさんは一言も口出ししません。でも、ずっとあきらめないで息子と僕のそばにいてくれました。

全国大会本番当日。Kさんの息子は、会場中によく響く大きな声で、便所くんを演じることができました。お腹で息を支えて、ありったけの息を惜しまず出す、ということがようやくからだで理解できたのです。Kさんの息子は、息を噛み殺すようにして声を出していたわけですから、それは奇跡みたいな出来事でした。

今でもKさんとは、全国大会のことを話します。

Kさんはいつも言います。

「本番はちゃんとできてほっとしたけど、あの三日間の練習の方が、オレは楽しかったなあ」

効率と成果ばかりを気にしていた、初めて会った頃のKさんからは考えられない言葉です。

長い手紙になってしまいました。

「変わりたい」というあなたの言葉を目にした時、僕が思い出したのは、ティッシュ吹きのレッスンの最後に、Kさんが言った言葉でした。

「できなくても、嬉しかった」

あの日、Kさんは経験したのでしょう。できなくてもみんなで笑い合う楽しさを。人の失敗を許して笑い、自分の失敗を笑って許してくれる場の暖かさを。

Kさんは場の力によって変わったのだと僕は思います。

そういう場をつくるのも、僕の演劇レッスンの目的の一つです。

刈谷東高校の演劇表現の授業に是非いらしてください。そうして生徒と一緒にレッスンを受けてみてください。場の力によって、人が元気になったり、変わったりすることが経験できると思います。

追伸。

もう一言だけ。

Kさんの息子が出演した「便所くん～男だけの世界」は、人が怖くて便所に籠もり、男性便器に変身してしまった「便所くん」と、人が怖くて、便所くんの棲む四階の便所を居場所にしている佐伯くんの、出会いと別れを描いた作品です。

佐伯くんと便所くん、二人はともに便所を居場所にしてしまった、いわゆる「引きこもり」です。しかし、物語の最後に佐伯くんは便所から出てゆき、便所くんは、そのまま便所にい続ける道を選びます。一人は引きこもりから変わることができ、もう一人は引きこもりから変わることができなかった。二人を分ける分岐点は一体何だったか。人が変わるために本当に必要なものは何か。その答えが知りたくて、僕はこの作品を作りました。

是非、読んでみてください。そして、あなたの考えた答えを教えてください。

戯曲▼便所くん〜男だけの世界

【作品情報】

二〇〇七年（平成一九年）一二月初演。二〇〇八年（平成二〇年）一二月、中部日本高等学校演劇大会にて中日賞受賞。二〇〇九年（平成二一年）三月、中部ブロック代表として春季全国高等学校演劇研究大会に出場（東京、劇団四季・自由劇場）。

高校演劇の大会とは別に、二〇〇八年八月には愛知県の大須・七ツ寺共同スタジオで公演を行ないました（三日間、四公演）。全公演、満席の盛況ぶりでした。

足かけ三年にわたって作り込んだだけあって、さまざまなバージョンがあります。

白の全身タイツに、真っ白なドーランを塗りたくった男子生徒が便所くんを演じる「全国大会バージョン」。本物の陶器の便器を黒子が動かす「中部大会バージョン」。そして、三メートルの巨大な男性便器のオブジェが登場する「大須・七ツ寺バージョン」。

どのバージョンも作っていて、とても楽しかった。

学校という居場所から飛び出して、さまざまな生きづらさを抱えた人たちと演劇レッスンを通してつながってゆこうという市民活動「便所くんプロジェクト」を始めたのもこの作品がきっかけでした。

人は簡単に変われるものではない。でも今のままじゃいやだ。何とかして変わりたい……。そんな思いを持った人たちが「便所くんプロジェクト」にはたくさん参加してくれました。前述の七ツ寺共同スタジオの公演最終日には、三メートルの巨大男性便器が劇場から大須の街に飛び出し、プロジェクトの仲間と一緒に長いアーケード街をパレードしました。

「便所くんプロジェクト」は、ＮＰＯ法人「Ｃ☒Ａ☒ワークス」と名前を変え、現在も活動中です。

男三人、女一人の四人で上演できます。セットもほとんど要りません。

男性客の号泣率が最も高いのは、この芝居です。


【登場人物】

便所くん。

佐伯健吾……男子高校生。

菅原　杏……女子高校生。

用務員。


【場所】

校舎の四階にある、ほとんど誰も使用していない男子便所。

◆シーンI　昼休み

森田童子「僕たちの失敗」、流れ始める。

ここは、校舎の四階にある男子便所。使う生徒のいない、さびれた便所だ。入り口には「使用禁止」の張り紙が貼られている。なかに入ると小便器が三つある。そのうちの一つが「便所くん」だ。

音楽、止まる。

佐伯くんが便所にやってくる。まっすぐに「便所くん」の前まで来ると、ほっとした表情を浮かべ、「便所くん」で用を足し始める。

佐伯くんが用を足している最中に菅原さんが便所に入ってくる。佐伯くんのあとをこっそり尾《つ》けてきたのだ。

菅原　（わざとらしく）あれえ、使用禁止のトイレに誰かいるぞお。

佐伯くんは驚き、腹に力を入れ、小便を途中で止めた。慌ててズボンのなかにしまって、からだを折り曲げ、股間を押さえて我慢する姿勢になる。

菅原さんは、佐伯くんが小便を途中で止めたのを知りつつ、わざとねちっこく絡み始める。

菅　原　（モジモジする佐伯くんを焦らすように、薄笑いを浮かべながら、わざとゆっくりと便所のなかを見回しながら）へえ、こんなところに便所があったんだ。初めて知ったわ、こんな便所。さすがだね。詳しいね、健吾ちゃん。そうだよなあ、ここなら一人で用たせるもんねえ。知ってんだよ、お前さ、一人じゃないと用、足せないんだろ。

佐伯くんは菅原さんに反抗できない。弱々しく身を捩らせて逃げるばかりである。

菅　原　（逃げる佐伯くんをやすやすと捕まえ）なあ、何とか言えよ。言ってみろよ！

菅原さん、思いっきり佐伯くんの背を叩く。予期せぬ衝撃。佐伯くんは小便をもらしてしまう。力なく窓辺にへたり込む。股のあたりにみるみるうちにシミが拡がってゆく。

菅　原　うわっ！　本当に漏らしちゃったんだ！　きったねえなあ。どう？　健吾ちゃん。楽になった？　あっ！　そうだ。写真撮ってやろうか？　いい！　それいい！

菅原さんはポケットから携帯電話を取り出した。

高校生にもなって失禁してしまったショックからか、佐伯くんは抵抗する気力も湧いてこないようだ。かすかに弱々しく首を振ることしかできない。

菅原　さあ、行くよ。（携帯を佐伯の股間に近づけ）接写〜。

突然、真っ暗になる。

菅原　（動揺して）え、何？　どうしたの？

明るくなった。菅原さんのすぐ目の前に便所くんが立っている。

菅原　（便所くんを指さして、震えながら）キ……キモイッ！

菅原さん、こけつまろびつしながら大慌てで便所から逃げ出してゆく。
便所くんは菅原さんが便所から逃げ出すと、ゆっくりとした足取りで元の位置に戻る。
佐伯くんは恐怖と失禁で動けない。しばらく壁にもたれたままの姿勢で便所くんと無言で見つめ合ったあと、這いつくばって、恐る恐る便所くんの前を横切り、ようやく便所の入り口まで辿り着くと、怯えながら便所の外まで走り出る。

そのまま逃げ去ろうとする佐伯くんの耳に泣き声が聞こえる。便所くんの泣き声である。佐伯くん、しばらく立ち止まってためらっていたが、怯えつつも便所のなかに戻る。

便所　（ベソをかきながら佐伯に向かって）僕は……気持ち悪いかい？
佐伯　……。（怖くて反応できない）
便所　君なら分かってくれると思った！　君はいつだって、僕を使ってくれてるから。……ここに入ってくる時、君はいつでもすごく緊張してる。でも、僕の前に立つと、君はホントに、心底安らいだ顔になるんだ。僕は君の安心しきった顔をずっと見てきたんだよ。なのに君は僕のこと、やっぱり気持ち悪いかい？
佐伯　……。（怖くて反応できない）
便所　そう……。僕は友だちになりたかったのに。

佐伯くん、やっとのことで首を振る。

便所　なぜ？　僕が……便器だから？
佐伯　……。
便所　（試すような口調になり）君も友だち、いないんだろ。いればわざわざ一人でこんな便所まで用足しに来ないもの。

佐伯　……。

便所　友だちになろうよ。

佐伯くん、さっきより強く首を振る。

便所　そうか……。じゃあ、もう行って。

佐伯くん、震えながら便所から出ようと入り口に向かって歩き出す。

便所　(背後から佐伯に) あ、今日見たこと、誰にも言わないでおいて。

佐伯　(立ち止まり、振り返らずに) 分かった。

佐伯くん、再び、入り口に向かって歩き出す。

便所　あ……待って。

佐伯くん、ビクッとして立ち止まる。

便所　ねえ、なんで君に僕が見えるんだと思う?
佐伯　(少しも考える間もなく)さあ。
便所　いいよ。行って。

佐伯くん、便所を出てゆく。便所のなかから便所くんのすすり泣く声が聞こえる。
暗くなる。
「僕たちの失敗」(インストゥルメンタル)、流れ始める。
音楽は、次第に大きくなり、便所くんのすすり泣きが掻き消される。音楽、止む。

◆シーンⅡ　授業後

明るくなる。
菅原さんが佐伯くんの腕を引っ張って、四階の便所に再びやってきた。
菅原さんは嫌がる佐伯くんを力ずくで便所に連れ込む。

菅原　(便所の床に倒れ込んでいる佐伯に)お前、昨日見ただろ。お化けの便所はどれだ?

菅原さんは佐伯くんの返事を待たずに、三つの便所を一つひとつ叩いて確かめ始める。

菅　原　（便所を叩いて確かめながら）納得できねえ。写真撮って送ろうと思うわけよ。なんかあるじゃん、そういう雑誌。（心霊写真とか、そういうの載ってるやつ。（佐伯くんの方を向いて、脅すような口調で）なあ、お前も見たよなあ。

佐伯くん、弱々しく首を振る。

菅　原　ウソ言うんじゃねえ！……あ、分かった。確かだなあ、お前のお漏らしを接写しようとしたら出てきたんだったよなあ。と、いうことはだ、もう一遍おんなじことすりゃあ、もしかしたらお化け、出て来るんじゃねえの？　きっとそうだ。ねえ、健吾ちゃん、そう思わない？

菅原さん、便器を確認するのを止め、ゆっくりと立ち上がる。

菅　原　健吾ちゃん。もう一回、お漏らししよう！

菅原さんは佐伯くんを急き立て、もう一度、昨日の再現をさせる（オシッコをさせて、途中で止めさせて、我慢させる）。佐伯くんは嫌がりながら、結局は菅原さんの言いなりになってしまう。

菅原　（失禁しないように懸命に耐える佐伯を壁際に追いつめてから）こんなこと言うのも変だけど、健吾ちゃんさ、なんで思ったこととか、人に言わないわけ？　普通さ、こんなことされたら絶対「イヤだあ！」って叫んだりするよ。「馬鹿野郎、止めろ！」とかさあ。健吾ちゃん、全然言わないじゃん。そういうのって見ててものすごくイラつくわけさ。あ、震えてる。もうすぐ出そう？　出そう？しちゃいなよ。膀胱炎になっちゃうよ。

菅原さん、携帯を取り出し構える。

菅原　さ、行くよ。接写〜！

暗くなる。

菅原　（怖がりながらも、期待に満ちた口調で）来た〜！

明るくなる。
菅原さんのすぐ目の前に便所くんが立っている。
菅原さん、すかさず便所くんを携帯で写す。

菅原　（後ずさりしながら）や、やった！

菅原さん、便所から逃げ去る。佐伯くんだけが便所に取り残される。

便所　（急いで定位置に戻り、壁際で今にもお漏らししそうになってる佐伯に）早く！　して！

佐伯くん、大慌てで便所くんの前に立ち、用を足す。しおわったあと、恥ずかしそうに便所くんから離れる。しばらく無言。

便所　やあ。
佐伯　……。
便所　良かったね、間に合って。それから、君の変な写真も撮られなくて。
佐伯　……なんで。
便所　え？
佐伯　……なんで助けたの？
便所　友だちだから。
佐伯　……。

便所　気にしなくてもいいよ。僕が勝手に思ってるだけだから。君は今日一日来なかったしね。どこでしてたの？　もうほかの子がいてもできるの？

佐伯　……別に……。

便所　そう。君は僕のこと言わないでいてくれたよね、さっき。「お化けの便所はどれだ！」って問いつめられた時。嬉しかったなあ。約束守ってくれたんだもん。昨日、僕らが初めて喋った時にした約束。誰にも言わないでって約束を守ってくれたんだもん。そりゃあ嬉しかったさ。だから助けたんだ。友だちって、そういうもんだろ、きっと。

佐伯　……。

便所　最後にいい思いができた。ありがとう。もう、行きなよ。

佐伯　最後って何？

便所　だってそうだろ？　お化けが出るって評判のトイレ、証拠の写真まであってさ、学校が放っとくと思うかい？　すぐに僕は撤去されるか、うまくいってもここは封鎖されるだろうなあ。

佐伯　……。

便所　そうなったら、さすがの君も入って来ないだろ？　すぐだよ、大騒ぎになる前に学校は僕を処分するさ。

佐伯くん、何か言いたそうな仕種。

便所　いいよ。君は友だちだもんね、僕にとっては。
佐伯　……あのさ。
便所　何？
佐伯　何かできることあるかな？
便所　特にないよ。明日か、明後日にはもう会えなくなるし。でも……。
佐伯　何？
便所　でも、できることなら、一つだけ、叶えたいことがあるかな。
佐伯　何？
便所　……いや、いい。やっぱいい。欲張りすぎだし。
佐伯　いいよ、言ってみてよ。
便所　……女の子、っているだろ？
佐伯　うん。
便所　それ、っていいもん？
佐伯　え？
便所　……やっぱ、いい。
佐伯　いいよ、言えよ。
便所　女の子と話してみたい。見たことないんだ。いいもんらしいっていうのはここで用を足してた男の子たちが喋ったりしてたから知ってるんだ。でも、見たことない。一度でいい。廃棄される前に見て、できることなら話をしてみたい。
佐伯　……さっきのアレ……。
便所　え？
佐伯　さっきオレをいじめてたアレ。アレが女の子だよ。
便所　……嘘だ。
佐伯　えっ？
便所　いいよ、そんな嘘、言わなくても。アレが女の子だなんて。……ムリならムリでいいんだ。
佐伯　嘘じゃないよ。ホントにアレが女の子だよ。
便所　嘘だ。女の子っていうのは、もっと柔らかくって、暖かくって……触るとなんかほわっと気持ちよくって……きっとそんな感じなんだ。そう言ってた。ここで用を足してた男の子たちはそんな感じで話してたよ。
佐伯　（困った顔で）……。
便所　（佐伯の表情を読んで）いいよ、冗談だよ。いい。
佐伯　……いいよ、連れてきてやるよ。
便所　ムリしなくていいよ。だって君は人が苦手なんじゃないの？
佐伯　いいよ。明日までに絶対連れてくるから。
便所　……ありがとう。

佐伯くん、便所の外へ出ようとする。入り口で立ち止まり、便所くんに向かって、

佐伯　さっきはありがとう、助けてくれて。
便所　いいよ。友だちだから。そうだろ?
佐伯　うん。

佐伯くん、便所から出てゆく。

便所くんとの約束を果たすため、見知らぬ女の子に声をかけようとするが、怖くて、声を出すことすらできない。

「僕たちの失敗」(インストゥルメンタル)が流れる。最初はゆっくり。しかし、女の子に声をかけられず次第に焦ってくる佐伯の動揺を表すかのように次第に速いテンポに変わってゆく。

佐伯くんの焦りはどんどん募ってゆく。

音楽、次第に狂ったような速いテンポになってゆく。

何もできない佐伯くんは、ついに立ち尽くしてしまう。

菅原　あれ〜、健吾ちゃんじゃ〜ん!

菅原さん、登場。
音楽、止む。
菅原さんは、ご機嫌な口調で、早速写真をマスコミに売ったこと、儲けるだけ儲けたから、あの便所を封鎖してもらうよう今から先生に言いに行くことを佐伯くんに告げる。

菅原　見る、写真？　ホント、キモいよなあ。

菅原さん、佐伯くんに携帯で撮った写真を見せる。おぞましい表情の便所くんがバッチリ写っている。

菅原　（写真を見ている佐伯に）しかし不思議なのはさ、お前をいじめてると出て来るってことだよ。お前、あのお化けとなんか関係があるんじゃねえの。あれと親友だとかさ。だったらこれからお前のこと、便所くんって呼んでやるよ。（佐伯に向かって）便所くん、便所くん、便所くん。

菅原さん、「便所くん、便所くん」と歌うように囃し立てながら、立ちすくむ佐伯くんの周りをぐるぐる回ってあざけり続ける。

佐伯　（耐え切れなくなって）違うよ！　こんな……キモい奴……。（ト、写真を菅原に返す）

菅原　そうだよなあ、いっくらお前にツレがいなくてもなあ、便所のお化けと親友なんて、そんなのありえねえよなあ。

菅原さん、意気揚々と立ち去る。佐伯くんは、菅原さんを止められなかった。

◆シーンⅢ　夜

一人の少年が懐中電灯を照らして、四階男子便所にやってくる。佐伯くんである。

便所　どうしたの？　こんな時間に。もう学校閉まっちゃってるだろ？
佐伯　……うん。
便所　女の子は来る？

佐伯くん、無言でしゃがみ込む。

便所　……そうだよね、やっぱムリだよね。いいよ、気にしなくて。ハナからムリなお願いだったんだから。
佐伯　……。

便所　ねえ、したくない？

佐伯　……。

便所　使ってよ、今までみたいに。もうすぐ使ってもらえなくなるんだから。最後に、記念に、さ。

佐伯くん、しばらくためらっていたが、便所くんの前に立つ。しかし、普段のように用を足し始めない。

便所　なんかあったの？

佐伯　……別に。

便所　なら、してよ。

佐伯くん、ためらいながらも用を足す。

便所　ああ、いいねえ。やっぱり便所は使われてナンボだもん。僕、ちょっと自慢だったんだよ。君がいつも僕を使ってくれて。さ、もう帰りなよ。

佐伯　うん。

佐伯くん、ノロノロと入り口の方へ向かって歩き出す。

便所　（背後から佐伯に）また、明日！……もし、僕がこのまま無事だったら。

佐伯くん、歩みを止める。しばらくじっと佇んだあと、携帯電話を取り出し、かけ始める。

佐伯　……もしもし、母さん。オレ。今日、友だちんち泊まるわ。……え、そうだよ。友だち。いるよ、友だちくらい。……うん、学校のそばの子だよ。明日はそのまま学校行くから。……大丈夫だって。……ええと便・所君っていう子。よその国からの留学生だよ。日本語教えてっていうからさ。……うん、分かった。大丈夫、大丈夫。じゃ、もうあんまし電源ないし……あ……切れちゃった。

便所　（予想外の展開にパッと表情が輝き）今日、泊まってくの？

佐伯　うん。

便所　嬉しいなあ。初めてだよ、こんなの。

佐伯くん、おもむろに便所くんの並びに座る。便所くんのマネをする。

便所　何してんの？

佐伯　どんな気分かな、って。

しばらく二人とも無言。

便所　どう？　どんな気分？
佐伯　……。
便所　あのさ……外の世界ってどんな？
佐伯　え？
便所　だからさ、便所の外の世界っていうかさ、君たちみたいに自由に喋れたり、移動できたりっていうのはどうなの？　どんな感じなの？
佐伯　……。
便所　学校で勉強したり、友達と遊んだりケンカしたり、女の子と付き合ったり、いろいろとするんでしょ、どうなの？　どんな感じなのかなあ？
佐伯　……オレは……。
便所　うん？
佐伯　オレはそういうの、あんましないから。友だちとか女の子とか、そういうの、ないから、よく分かんないよ。
便所　ふうん。じゃあ、僕とそんなに変わらないってことか。
佐伯　……。
便所　ねえ。

佐伯　うん？

便所　せっかくさ、喋れるんだし、動けるんだからさ、もっと自分の思ったこととか喋ったりした方がいいよ。

佐伯　……。

便所　じゃないとさ、なんか損じゃん。やってみなよ。じゃないとさ、便所くんだよ、君も。

佐伯　（ずっと耐えていたものが突然堰を切ったように）難しいんだよ！　いろんな奴がいてさ、いじめてくる奴だっているし、女の子に喋りかけてヤな反応されたらとかさ、いろいろ考えちゃうんだよ。そういうのって……怖いよ。

便所　……そっか。で、どう？　今の気分は。

佐伯　……一人だと落ち着く。

便所　君は便所向きかもね。

佐伯　そうかも。

しばし沈黙。しかし、この沈黙はイヤな沈黙ではない。二人の間に暖かいものが流れ始め、それがじんわりと二人を浸してゆく。

便所　（突然）ねえ、踊ろうよ！

佐伯　えっ？……ダメだよ。

便所　なんで？　踊ろうよ！　いいじゃん、君の便所記念に、ね！
佐伯　ダメだよ。オレ踊ったことないし。
便所　大丈夫！　僕だって踊ったことなんかないさ。踊る便所なんて聞いたことないだろ？　でも、踊りたいんだ、君と。
佐伯　……。
便所　僕たちが友だちになった記念に。そして僕たちの最後の思い出に……ね？
佐伯　（しばらく考えたのちに）……いいよ。

便所くん、立ち上がり、佐伯くんの手を取る。手を取ったのをキッカケにして、「僕たちの失敗」（インストゥルメンタル）、メロウな曲調で入る。二人、踊る。

便所　（踊りながら）君だけに僕が見える理由、分かった？
佐伯　（踊りながら）……分かった。
便所　（踊りながら）でも、君は一つだけ間違ったこと言ってるよ。君は一人じゃないよ。だって……だって君には僕がいるじゃないか。

ゆっくりと暗くなってゆく。
しばらくすると懐中電灯の明かりが男子便所に近づいてきた。用務員さんである。手には材

木と大工道具を持っている。菅原さんの通報を受け、便所を封鎖するためにやってきたのだ。用務員さんは、慣れた手つきで便所の入り口を材木で封鎖して、すぐに立ち去る。

◆シーンⅣ　朝

ゆっくりと明るくなる。

壁際に横たわって眠っていた佐伯くんは目を覚ました。佐伯くんは、便所の入り口が封鎖されているのに気付き、駆け寄る。

便所　どうしたの？　ああ、それ。今朝早く、君が寝ちゃってるうちになんかやってたよ。

佐伯　どうして起こしてくれなかったんだ！

便所　ぐっすり寝てたし、それに君、ここが落ち着くって言ってたから……。

佐伯くんは材木を揺さぶるが、ビクともしない。

便所　無駄だよ。ここ四階で、今までだって君しか使ってなかったし、窓から飛び降りるっていってもねえ。

佐伯　……どうしよう。

便所　何、慌ててるの？　いいじゃない、ずっと一緒に、ここにいようよ。
佐伯　え？
便所　君は便所向きだって、昨日の夜、言ったじゃない。そしたら君だって「そうかも」って笑ったじゃない。なら、いいよ。こうして僕と二人で一緒にいよう。
佐伯　……。
便所　せっかく動けるし、喋れるのに、君は自分からそれをしようとしてこなかったじゃない。いいじゃない、今さらがんばらなくったって。それにここには僕もいる。君は一人じゃない。でも、外に出たら君は一人。さあ、どっちが寂しい？
佐伯　……でも……。
便所　あの女の子が写真を先生に見せるのを、君は止めることができた。なのにそうしなかった。君は僕を裏切った。見殺しにした。
佐伯　それは……。
便所　でもいいよ。君は僕に悪いと思って、一緒に泊まってくれた。そういうところ、友だちだなあ、って思うから。だから、ずっと、ここで、一緒にいよう。
佐伯　……嫌だ！

佐伯くん、何とかして便所から出ようと、材木を力いっぱい揺さぶる。

便所　（両手から気を発し）ふん！

便所くん、不思議な力で佐伯を便所のなかに引き戻す。
佐伯くんは抵抗するが力及ばず、昨夜、佐伯が座っていた位置に座ってしまう。

佐伯　あ、あれ？

佐伯くんのからだは、金縛りにあったように動かなくなる。
「僕たちの失敗」（インストゥルメンタル）、不気味な調子で流れ始める。

便所　よく似合うよ。ずっとこうして一緒にいよう。君も今日から便所くんだ。
佐伯　助けて。（ト、涙ぐむ）
便所　嫌なんだ。でも、すぐ慣れる。僕もすぐに慣れた。
佐伯　えっ？
便所　君を見ると昔の僕を思い出す。誰も求めず、自分のなかに閉じこもり、自分を護ることだけに汲々となって、そのくせ心のなかでは思いっきり他人を見下して……本当に君はかつての僕、便所になりたての頃の僕にそっくりだなあ。
佐伯　助けて、お願い。

便　所　でも、僕よりも今の君は遥かに便器だよ。いや、人間だった時から気付かずに君は便器だったんだよ。君の立ってる姿、冷え切ってて、陶器の便器の冷やっこさ、そのままだったよ。

佐　伯　嫌だ。ここ……から……。あ……れ？……。

便　所　喋りにくくなってきただろ？　もうすぐだよ。もうすぐあきらめがつく。君はこのトイレの四つ目の便器になる。そしたら僕らはずっと一緒だ。

佐　伯　い……や……だ……。

便　所　嫌って言っても、仕方がないよ。人間はさ、人間に生まれるんじゃない。人間はなるもんなんだな、きっと。便所になってどれくらい経ったか忘れたけど、ようやくそれが分かった。でも、君は分かってない。分かっててもやれないのかも。だから便所でいい。その方が君に合ってるよ。

佐　伯　い……や……。

便　所　これで僕らはずっと一緒だね。

佐伯くんのからだは本物の便器のように冷やっこく固まり、喋れなくなる。
佐伯くんは、男性便器になってしまったのだ。
「僕たちの失敗」（インストゥルメンタル）、音量大きくなる。
菅原さん、浮き浮きして便所にやってくる。

菅　原　あれえ〜？

音楽、止む。

菅　原　もう封鎖されちゃってるよ。

菅原さん、入り口で、しばらく便所のなかを覗き込んでいたが、周りを見回し、誰もいないのを確かめる。

菅　原　失礼しまあ〜す。

菅原さん、封鎖してある材木を力ずくではがし、便所のなかに入る。おもむろに携帯を取り出し、入り口側から一つずつ、「接写〜」と言いながら便器の写真を撮り始める。便器になってしまった佐伯くんも含め、すべての便器を撮り終え、そのまま便所を出ようとしたが、ふと思い立って立ち止まり、便器に向かって手を合わせて、

菅　原　おかげさまで儲けさせてもらいました。また今日も撮らせてもらいました。ありがとうございました。成仏してください。

菅原さん、便所から出ていこうとしたが、フト立ち止まる。トイレが一つ多いことに気付い

たのだ。菅原さんは、怖くて固まってしまう。固まったからだを引きはがすように何とか振り返り、もう一度指さし確認する。

菅原　（数え終わって、指さし確認の姿勢のまま）一つ……多いけど……。

菅原さん、その姿勢のまま、腰を抜かして、その場にへたり込む。

佐伯　た……す……け……て……。

菅原　だ、誰？

佐伯　たす……け……て……。

菅原さん、指さし確認の姿勢のまま、もう一方の手で震えながら携帯を取り出す。

佐伯　たす……けて……。

暗くなる。

菅原　せ、接写〜!!

明るくなる。
佐伯が腰を抜かした菅原の足にしがみついている。

菅原　健吾ちゃん！
佐伯　たす……けて……。

暗くなる。

菅原　離せよ、何してんだよ……アレ、お前、なんか重いぞ。

明るくなる。
佐伯の足に便所くんがしがみついている。

便所　友だちだろ！　一緒にいようよ。
菅原　ギャ〜！

菅原さん、悲鳴を上げて、足にしがみつく佐伯くんを蹴り倒して、一人で便所から逃げ出し、転がるように走っていこうとする。

佐伯　待って！

菅原さんの足が止まる。

佐伯　……待って。僕も連れてって……。（ト、菅原に向かって手を伸ばす）

便所　友だち……友だち！（ト、佐伯にしがみつく）

佐伯　……外に、外に出たい！（ト、菅原に向かって手を伸ばす）

菅原さんは、便所に駆け戻り、佐伯くんに向かって手を差し延べ、引っ張り上げる。はずみで便所くんは二人と逆方向へ転がる。そのまま二人は便所の外へ逃げ出る。

菅原　（材木を拾い上げ）封印するんだ！

佐伯　えっ？

菅原　早く！　あいつが来ちゃうだろうが！　早く！

佐伯くんと菅原さん、二人でもう一度、材木を入り口に打ちつける。

菅原　逃げろ！

菅原さんは、逃げ去ってしまう。
佐伯くんも、菅原さんのあとを追って逃げ去ろうとしたが、突然、立ち止まる。
「僕たちの失敗」、静かに流れ始める。
しばらくためらったあと、佐伯くんは振り返り、また便所へ駆け戻る。材木をはがし、便所のなかへ駆け込む。

佐伯　（呆けたままの便所くんに向かって手を差し延べ）一緒に出よう。
便所　……。
佐伯　一緒に外に出よう。……紹介するよ、外国からの留学生の便・所君だって。がんばってみんなに喋りかけて紹介するよ。だから一緒に！

しばらく二人の間に沈黙が流れる。やがて便所くんもオズオズと手を差し出し、佐伯の手に触れようとする。が、触れる寸前のところで、また手を引っ込めてしまう。

便所　いい。僕はここがいい。

便所くん、ノロノロと立ち上がり、元の位置へ戻り、座る。

佐伯くんは、しばし佇んでいたが、一人で再び便所から出ていこうとする。

便　所　待って！

佐伯くん、立ち止まる。

便　所　ちゃんと封印していって。……もう誰も入って来れないように。……また、期待しちゃうから。

音楽、大きくなる。

佐伯くん、便所の外へ出る。便所を封鎖するために材木を拾い上げる。手に取る。しかし、また静かに足元に置く。佐伯くんは、便所を封鎖しないことを選んだ。便所くんが外に出たいと思う日のために。

佐伯くん、ゆっくりと四階の便所をあとにする。

便所くんは啜り泣いている。いつまでもいつまでも。外に出られない自分の弱さを噛みしめながら。

音楽はさらに大きくなり、やがて便所くんの泣き声を掻き消してゆく。

（了）

【レッスン：ティッシュ吹き】

①ティッシュペーパーを一枚用意します。
②最初は一人ずつのレッスンです（「一人でティッシュ吹き」）。ティッシュが床に落ちないように、息で吹き上げながらゴール地点まで移動します。手は使ってはいけません。ゴール地点まで辿り着けたら終了。床にティッシュが落ちたらスタート地点からやり直しです。
③次に三〜八人くらいのグループで実施します（「みんなでティッシュ吹き」）。②と同じ要領で、今度は一人ではなく、グループ全員で交代しながら吹いてゆきます。もちろん手は使ってはいけません。ゴール地点まで辿り着けたら終了。一人が連続して吹けるのは二回まで。ゴールするまでに、グループメンバー全員が必ず一度はティッシュを吹くものとします。どうやったらゴールまで辿り着けるか、グループで相談する時間を、レッスンの間に適宜、取ってください。
④振り返りの文章を書いてもらいます。レッスンをやってみて考えたことを自由に書いてもらってもいいのですが、私はよく、次のような質問を投げかけます。
質問例1：うまくティッシュが吹けるようになるには何が必要ですか。
質問例2：一人で吹いた時とグループで吹いた時、どちらが難しかったですか。どちらが楽しかったですか。
質問例3：ティッシュ吹きをやって、考えたことを書いてください。

以上、とても単純なレッスンです。あらかじめ定めたゴール地点まで、一人で、あるいはグループでティッシュを吹き上げながら進んでいくだけです。

刈谷東高校の生徒を見ていると、「息が浅い」生徒がたくさんいます。ちょっぴりサッと吸って、ちょっぴりサッと吐く。息が浅ければ、大きな声や生き生きした声など当然、出るわけがありません。息の浅い生徒は立ち姿もどこかヒンヤリしていて、そおっと恐る恐る生きているような感じがします。呼吸の仕方と、人の在りようはつながっているように私は感じます。

「一人でティッシュ吹き」のねらいは、強い息を吐いたり吸ったりできるようになることです。強く、タイミングよく吹かなければ、ティッシュは高く舞い上がりません。ゴールを目指して、何度もトライするうちに、自然と息は強くなってゆきます。

「みんなでティッシュ吹き」のねらいは、人と一緒に何かを成し遂げることの喜びを感じることです。

何度も失敗しながら、みんなでゴール地点まで辿り着こうとがんばっているうちに、自然とからだがゆるんできます。

レッスンを始めた時には、突っ立って口先だけで吹いていた人が、本人も意識しないうちに勢いよく伸び上がって吹いたり、からだ全体で反動をつけて吹くようになってゆきます。床に落ちそうなティッシュを低い位置から吹き上げようとするうちに、自然と膝がゆるんできます。床に落ちそうなティッシュを何とか吹き上げようと、ごろごろ転げ回る人も現れます。

からだがゆるむと気持ちもほぐれてきます。失敗して笑い合い、ゴールできたら抱き合って笑い合います。レッスン会場に笑い声が溢れるようになります。

これは、「一人でティッシュ吹き」では見られない光景です。笑い合うには相手がいるのです。同じ経験をともにした相手が。

人との関わりで傷ついた人は、人との関わりのなかでしか回復できないのではないか。このレッスンで笑い合う人たちを見て、いつもそう思います。

【レッスン参加者の声】

・これ、好きだなあって思いました。初めは恥ずかしがってたけれど、やっているうちにそんなのどうでもよくなって、一生懸命吹いていました。全然進めなかったけど、グループになった人たちと大笑いして、お腹も喉も痛くなって、でも、とっても楽しかった。もっともっと、ずっとやっていたいって思いました。（中学生・女性）

・面白いですね。でも、年寄りにはキツかった。途中でリタイアしました。ほかの人のからだがだんだんほぐれてきて、笑いが会場に溢れてゆくのは、見ているだけでも十分面白く、嬉しい気持ちになりました。大きく吸って、大きく吐いて、息をたくさんすることは大事なことなんですね。ありがとうございました。（社会人・女性）

・ほかの人と場の空気でコミュニケーションを取り合い、引いたり出たりするのは難しい。それに僕らは異常なまでに何でも「スマート」にやりたがる。でも、空気がゆるみ、成功させることに本気になればきっとできると思った。（高校生・男性）

・私は、ティッシュ吹きは以前やった時から、とっても好きでした。でも今日は今まで以上にとても楽しかったです。周りの子もみなゴロゴロ転がって必死になってティッシュを吹き上げている姿は、他人から見たらおかしな姿かもしれませんが、私はすっごく感動しました！　みんなで一緒に汗を流して何かやることは本当に楽しいですね。クラスのみんなよりも団結できた気がして、過ごした時間は短いのにとっても不思議な感じがしました。（高校生・女性）

・なんでまだ吹けるのにあきらめちゃうんだとか思うこともあったけど、自分もほかの人に迷惑を何回もかけたし、おあいこだなって勝手に思った。でも、自分が迷惑かけてもみんな笑ってくれるし、自分もできない子の分、がんばろうと思えたから良かったです。（高校生・女性）

❸ あなたの「わたし」の、声を聴かせて

戯曲▼　笑ってよ　ゲロ子ちゃん

レッスン▼ボールまわし

前略。

お電話ありがとうございました。

ホームルームの時間に、クラスで「箸をはさんで立ち上がる」レッスンをやってみたとのこと。初めて担任を持ち、試行錯誤しながら自分のクラスを切り盛りしている若き教師であるあなたの精一杯の様子が、話しぶりからも伝わってきました。僕が初任者研修で紹介した演劇レッスンが、先生の活動に役立っているのは嬉しいことです。どうぞ、どんどん使ってください。

先生のご依頼は、「箸をはさんで立ち上がる」以外の演劇レッスンメニューを教えてほしいというものでしたね。

考えた末に、「ボールまわし」というレッスンを紹介しようと決めました。

演劇部員のTさんの話を書きます。

Tさんは「笑ってよ ゲロ子ちゃん」という芝居で、全国大会に出場した時の主要メンバーです。ディレクター役の近藤さんを演じてくれました。前の学校を辞めて刈谷東高校に入ってきました。聡明な生徒で、台本もすぐに理解し、他の部員の世話もよく焼いてくれました。

Tさんは、しかし、相手に向かって話しかけることがどうしてもできなかった。いくら大きな声を出してセリフを言っても、声はTさんの顔の周りで反響しているだけで相手に向かっていかなかった。

相手のからだを押しながらセリフを言わせたり、すべてのセリフを大声で怒鳴って言わせたりしても効果がなく、「言われている気がしない」と、一緒に舞台を踏んでいる役者たちからも言われるようになりました。

「笑ってよ ゲロ子ちゃん」のテーマの一つは、「言葉の暴力」でした。ディレクター役のTさんは、入社したてのAD二人に情け容赦なく言葉の暴力を振るいます。暴力は受ければキツいですよね。ですが、いくらキツい内容を言われても、Tさんに言われると少しもキツくないのです。それはTさんが相手に話しかけられず、AD役の生徒は自分に言われている気がしないからなのです。これではリアルな舞台はできません。

　大会本番が迫ったある日。

　僕はすべての練習を止め、部員全員で「ボール回し」をやりました。Tさんに「話しかけることができた」という経験をさせないと舞台が成立しないと考えたのです。いいえ、今回の舞台だけが問題なのではなく、人に話しかけられない、というTさんのありようを何とか揺らしたいと考えたのです。

　夏の大会の前で、その年はとても暑かった。校舎の四階にある演劇部の練習場所は、うだるような暑さでした。部員たちは汗びっしょりで、それでも「ボール回し」をやり続けました。

　案の定、Tさんが「ねえ」と呼びかけても、誰も振り向いてくれません。Tさんはどこにもテニスボールを投げることができず、彼女のところでボールが止まってしまいます。焦《じ》れたTさんは、そのうち「ねえ」と呼びかけて相手が振り向かなくてもボールを投げてしまうようになりました。当然、相手はボールをキャッチできない。

　それでも続けていくと、少しずつTさんの姿勢が変わってきました。どうでもいいや、といった感じに、力が妙に抜けた姿勢に変わってきたのが分かりました。するとTさんの「ねえ」という呼びかけで、相手が振り向くようになったのです。

相手が振りむいた時、Tさんはびっくりしていました。僕はすかざず、「振り向いた！」とTさんに言いました。

「今の感じだ？　どうやって声をかけた？」

「……よく、分からない」

成功したり失敗したりを繰り返しながら、徐々にTさんの「ねえ」で相手が振り向くようになりました。

練習が終わったあと、Tさんにどんな気分か聞きました。Tさんはよく考えたあと、こんなふうに答えてくれました。

「自分の周りにうっすらとあった見えない膜のようなものが吹っ飛んで、周囲がくっきりと感じられた」

Tさんは、「笑ってよ　ゲロ子ちゃん」の本番でも、きちんとAD相手に話しかけ、「言葉の暴力」を振るうことができました。全国大会に出場できたのは、みんなの努力があったことはもちろんですが、Tさんがリアルにセリフを「話しかけられる」ようになったことも大きな要因だったと思います。

Tさんは、秋口になると毎年調子を崩して学校を休んでいたのですが、その年の秋から休まなくなり、無事に刈谷東を卒業して、今は大学生になっています。

僕は先生にも、この「ボールまわし」をやってみてほしいのです。

先生は、ちゃんと生徒に話しかけることができていますか？

当然、できているとおっしゃるかもしれません。でもそれってホントですか？ 僕がこれまで一緒に勤めてきた先生たちのなかには、生徒に話しかけることができていない方もたくさんいらっしゃいました。

Tさんの話でお分かりですよね。話しかけるというのは、声をかけるという意味ではありません。きちんと相手に届くように話すということです。相手に届くというと、聞こえる声の大きさで話す、と勘違いされてしまいますね。そうではありません。相手が「自分に言われた」と思うように話すというのが、「相手に届いた＝話しかけることができた」ということです。

Tさんのように、人に話しかけられない生徒はたくさんいます。そういう生徒たちが話しかけられるようになり、Tさんが僕に言ってくれたように「周囲がくっきりと感じられ」るようになったら、それは素敵なことじゃないでしょうか。

SNSの普及で、情報の送受信は広汎に、素早く行なえるようになりました。それに反比例するように、人と直《じか》につながっている手応え、世界と直につながっている手応えは希薄になりつつあるように感じます。そういう環境にある生徒が、もう一度、他者とつながっていることの手応えを回復する。これは、まさに「生き抜く力」の根幹に関わる事柄なのだと僕は思っています。

まずは先生自身が、きちんと生徒に話しかけられる先生になってください。きちんと話しかける力は、教員にとって必須だと僕は思っています。なぜなら僕ら教員は、話すのが商売だからです。話すことで生徒を振り向かせられてナンボの商売だからです。

ここまで書いてきて、自分が書いた文章を読み返してみました。なんだか偉そうですね。先輩の先生が、偉そうに教えてあげるって感じがプンプンします。そんなつもりじゃなかったのに。それから、裃《かみしも》をつけたような固い言い回し。ホントはもっと柔らかい文章が書きたいはずなのに。

先日、学校の先生を辞めて、今は図書館で働いているという女性が演劇レッスンの授業に参加してくれました。

授業が終わって雑談をしているなかで、その方がこんなことをおっしゃいました。

「私、教員だったんですけど、ある時、自分が『正しくなくちゃいけない』って思ってしまっていることに気付いたんです。それで、これはやばいなあ、と思って教員を辞めたんです」

「辞めてどうですか？」

僕は訊きました。

「辞めて……そうですね、ラクになりました」

その女性は、そう言いました。同じようなことを、学校の先生を辞めて、今は演劇をやっている友人も言っていました。

ずっと以前、竹内敏晴さんと話していた時のこと。

ふと、竹内さんが言いました。

「学校の先生相手のレッスンはやりにくい」

なぜですかと訊ねると、竹内さんは、こう言われたんです。

「何が正解か考えて、それをしようとするからだよ」

竹内さんは、日本で初めて高等学校で演劇の授業をやった方です。学校の先生が、自分の目の前にいる生徒に向かって演劇レッスンを実践できるようにしたい。そのために教育としての演劇レッスンのメニューを創るんだと意気込んでいた当時の僕は、竹内さんの言葉に胸を衝かれました。

先生に偉そうな文章を書いてしまった僕の心根に、「正しくなくちゃいけない」「正解を考えてしまう」という姿勢が見え隠れしていないか、僕はとても心配になります。

僕の演劇レッスンは、生きている手応えの回復を目標としています。生きている手応えとは、世界と出会った時の「生《なま》な感じ」のことでしょう。演劇レッスンをやっている僕自身が無意識に「生な感じ」を押し殺して、正解を考えてしまうとは!

もしかしたら僕自身が演劇レッスンを一番必要としているのかもしれない。

だから、繰り返し、レッスンの場に身を置くのかもしれないと改めて思いました。

演劇部のTさんは、初めて呼びかけた相手が振り向いた時に、どんな感じがしたか僕に問われて、「よく、分からない」と答えました。「よく分からない」けど、Tさんはそのあとも延々とボールまわしを続けた。それはあの瞬間、世界に触れたという喜びがTさんのなかに確実にあったからでしょう。

あの時のTさんは僕です。僕自身が「生な感じ」を希求して、演劇レッスンに熱心に通う参加者の一人なのです。レッスンにアガリもオワリもありません。今ここで感じる喜びがあるだけです。

先生。

先生であり続けることはかくも大変なことです。大げさな物言いをすれば、日々、先生であり続けるだけで、人間性の危機に直面していると言っていいほどです。

厳しい現実に耐えつつ、それでも教員として生徒の前に身を晒している仲間として、僕は先生と共闘したいと思っています。

戯曲▼

笑ってよ　ゲロ子ちゃん

【作品情報】

二〇一三年（平成二五年）七月初演。同年一二月、中部日本高等学校演劇大会で連盟賞を受賞。翌二〇一四年三月、第八回春季全国高等学校演劇研究大会に中部ブロックの代表として出場。

僕の作品は、物語性の強いものと、物語よりも役者の存在を見せることに重点を置いたものの二つの系統があります。この作品は、明らかに前者です。

全国研究大会に出場した際に受けた取材で教えてもらったことですが、その年の全国研究大会に出場した作品のなかで、高校生以外の大人を描いた作品は、この「笑ってよ　ゲロ子ちゃん」だけということでした。

高校演劇は、高校生が高校生を演じる演劇のことだとは僕は考えていないので、その情報は意外な感じがして、よく覚えています。

また、僕の作品は、全国大会に出場しても、ほかの高校や団体から上演させてくださいと依頼をうけることはあまりないのですが、この作品だけは例外で、全国大会出場決定直後から現在まで、多くの学校から「自分の学校で上演したいので許可してください」という依頼があります。

不登校、引きこもり、人が怖い、というこれまでの芝居で僕が扱ってきたテーマと少し違ったテーマ（噂の恐ろしさ、言葉の暴走、世間の悪意、人を信じ切れない弱さ）が、この作品では追究されているせいでしょうか。

有線放送の収録スタジオが舞台になっていますが、セットは入り口の扉と長机と椅子だけで上演しました。音響機器もCDが入っている棚も、スタジオの周りのガラスも、すべて役者の動きだけで表現しました。

ただし、メインの音楽は、徳永英明の「レイニーブルー」でなければならない。上演をする場合は、リアルなセットなど作らなくてもいいので、音楽の指定だけは変えないでください。曲の世界と戯曲の世界が呼応し合っているのが、僕の戯曲の特徴なのです。

【登場人物】

近藤千佳（ディレクター）。

古井康平（プロデューサー）。

竹下あかり（アナウンサー）。

佐藤銀二（アシスタント）。

村上たま子（アシスタント／ゲロ子）。

【場所】

有線放送の収録スタジオ。

収録の様子が外から見えるように、周囲はガラス張りになっている。

◆シーンI　誕生

吉幾三「雪国」が流れる。

ここは有線放送の収録室。

扉の上のＯＮ　ＡＩＲの文字が点灯している。本番中である。

アシスタントの銀二が、ハガキを一心不乱で書いている。

ディレクターの近藤と、アナウンサーの竹下が、鬼の形相で銀二を急かしている。音響機器の前にいる村上だけは、本当に心配そうに銀二を見ている。二人は同期入社なのだ。

近藤　（竹下に）遅い！　どうなってんのよ。
竹下　申し訳ございません。（ト、頭を下げ、銀二に）まだなの？
銀二　（一心不乱に書きながら）すいません！（ト、叫ぶ）
近藤　（竹下に）間に合わなかったら、あんたにも責任あるんだからね。
竹下　え〜っ！　あ、はい！　（銀二に）早く！
銀二　すいません！　あとちょっとなので。
竹下　もう早く！
銀二　できました！（ト、ハガキを竹下に渡す）

竹　下　（ハガキを奪い取り）遅いのよ！

「雪国」がちょうど終わった。竹下、マイクのスイッチを入れる。

竹　下　吉幾三「雪国」を聴いていただきました。今日、最後のお便りとなりました。半田市のホルスタインさんから。いつも楽しく聴いています。ウチで飼っている牛が急に足元がふらついて立てなくなったんです。もしかして狂牛病？　かかりつけのお医者にすぐハナ子を引っ張っていきました。そしたら……更年期なんですって。牛にも更年期があるなんてちっとも知りませんでした。リクエストはテレサ・テン「つぐない」お願いします。

村上、音楽の棚から、「つぐない」を探す。「つぐない」は棚の一番上の段にあった。背の低い村上は、いくら手を伸ばしても届かない。
銀二、駆け寄って棚からＣＤを取り、村上に渡す。

竹　下　更年期辛いって、聞きますよね。私はまだ二〇代だからよく分からないけど、その時になったらホルスタインさん、いいお医者さん紹介してくださいね。（村上がＣＤをセットできたのを確認して）では、今日、最後の曲です。テレサ・テン「つぐない」。

ディレクターの近藤の合図で、村上が音楽を入れる。
テレサ・テン「つぐない」、流れる。

近藤　いやあ、今日もあぶなかったわあ。

近藤と竹下、イスから立ち上がり、銀二の許《もと》へ。

近藤　(銀二に) あんた、ホントだめね。こんなぎりぎりじゃ困るんですけど。
竹下　(銀二に) ＡＤなんだからさ、前もってハガキ書いとくのなんて当然でしょ。ホント、気が利かないんだから。

近藤と竹下は、銀二を囲んで、どつきながらいびり始める。
ニヤニヤしている二人。銀二はうつむいたまま、何も言い返せない。じっと耐え続ける。

村上　(銀二をかばおうと、近藤に) 私も……悪かったんです……。
竹下　(あきれたような口調で冷たく) あなたねえ……。

標的が変わった。竹下は、ニヤリとして村上の許へ歩み寄り、肩を抱く。

竹下　(銀二に)ねえ、銀二くん。今日のたま子のダメだったところ、言ってあげて。

竹下、突然力任せに村上を突き飛ばす。
村上は突き飛ばされて、その場に倒れてしまう。
村上は、倒れた拍子に足で音響機器のコードをひっかけてしまった。
「つぐない」、ブチッと切れる。

近藤　(銀二に)早く言いなさいよ。
銀二　音楽が……。
竹下　(銀二に)声が小さい。
銀二　音楽が、見つけられなかったことですかね。
竹下　(倒れている村上に)そう、音楽が見つけられなかった。それを聞いてあなたは?
村上　……。

近藤、立ち上がって村上の許へ。

近藤　(倒れている村上に)あんた、これ仕事なのよ? 仕事にプライド持ってくれない? もう、ほんっと嫌になっちゃうわね。これだから最近の若い子は困るわね！
竹　下　ホントですよね。そういえば、近藤さんのお二人のお子さん、お元気にしていますか？
近　藤　とっても元気よ。こんなグズみたいに育たなくてホントに良かった。あ、そうだ。（村上に）
あんた、あたしの教育論、教えてあげましょうか。
竹　下　いいですね、少しは更生するかも。（倒れている村上に）いいかげん立ちなさい！

村上、のろのろと立ち上がる。
近藤と竹下、村上をはさむような位置に移動して、
近　藤　まず大事なことはね、すみませんって、ちゃんと言えることよ。
銀二、音楽が流れていないことに気付く。
銀　二　（近藤に知らせようと）すいません……。
近　藤　（銀二の呼びかけに気付かず、村上に）ほら頭下げなさいよ。
銀　二　（近藤に知らせようと）すいません。
近　藤　（銀二の呼びかけに気付かず、村上に）背筋曲がってんのよ、ほら、すいませんって言いなさいよ、言えないの？

銀二　すいません！
近藤　（やっと気付き、銀二に）何なのよ！
銀二　……音楽が、流れてないんじゃ、ないかと、思うんですけど……。

近藤、耳を澄ます。一瞬ののちに、

近藤　（村上に）あんた、何してんの！　音、音入れて！
村上　は、はい！

慌てる近藤・竹下。
村上が抜けていたケーブルを音響機器につなげた。
「つぐない」再び、流れ始める。しかし、もう曲は終わりの部分になっていた。

竹下　どうしましょう！
近藤　あんた、早く何とかしなさい！
竹下　ええ、は、はい！（下、イスに座る）

「つぐない」、終わる。

竹　下　テレサ・テン「つぐない」でした。女性のための情報番組「ウーマンズナウ」今日もお時間となりました。この番組は、リスナーのみなさんからのお便りが命綱です。どしどし、リクエスト待ってま〜す。お相手は、竹内あかりでした。なお、放送中、一部お聴きぐるしい点がございましたこと、深くお詫び申し上げます。それでは良い一日を。また明日この時間にお会いしましょう。バイバイ！

ON AIRのランプ消える。マイクのスイッチ切れる。みな、動かない。

近　藤　（しばらくして宙を見ながら、しかし明らかに村上に）あんた、えらいことしてくれたわね……どう責任取るつもりなのよ！　全部ダダモレだったのよ！　私たちの会話！　完璧な放送事故じゃない！

村　上　すいません！（ト、頭を下げる）

近　藤　すいませんですむと思ってんの！

近藤、村上の許に駆け寄り、引き倒し、馬乗りになって村上の首を絞め始めた。

銀　二　（慌てて駆け寄り近藤を羽交い締めにして）やめてください！

近　藤　どきなさいよ！（ト、銀二を弾き飛ばし、今度は銀二に）あんたも気付いたらさっさと知らせなさいよ。グズなのよ、あんたも！

近藤、今度は銀二を投げ飛ばす。銀二、倒れ込む。
近藤は気が治まらないらしく、倒れ込む銀二に向かってゆく。

村上　（銀二と近藤の間に割って入り）やめてください！　私が悪いんです！　責任取ります！

近藤　（村上の胸ぐらをつかまえ）ＡＤ風情がどう責任取ってくれるのよ。あんたに取れる責任なんて一つもありゃあしないのよ！　あたしなのよ、責任取るのは……あたしなの！　ああ、もうどうしよう、どうしよう……。（ト、床にしゃがみ込む）

プロデューサーの古井がスタジオに駆け込んでくる。
近藤・竹下・村上は古井を見て、直立不動になる。

古井　どういうことだ！

近藤　申し訳ございません！

古井　あんなもの流して、スポンサーが聴いてたらどうするつもりだ！　誰か！（ト、見回して、倒れたままの銀二に）何座り込んでんだ！　立って！　様子見てこんか！

近藤　（銀二に）早く立ちなさい。

銀　二　はい。（ト、ノロノロ立ち上がる）
近　藤　（銀二に）早く！
銀　二　はい！

銀二、扉からスタジオを飛び出してゆく。

古　井　今頃、苦情の電話やファックスで回線がパンクしてるだろうよ。
近　藤　本当に申し訳ございませんでした！
竹　下　申し訳ございませんでした。

竹下に合わせて村上も頭を下げる。銀二、スタジオに走り込んでくる。

近　藤　どうだった？
銀　二　何も来てません。
古　井　電話も？
銀　二　はい。
古　井　ファックスも？
銀　二　はい。

古井　スポンサーからも？
銀二　はい。

一同、胸を撫で下ろす。

近藤　（古井に）良かったですね。助かりました。
古井　（近藤に）良かあねえよ！　ホントに誰も聴いてないってことじゃないか。お前たち、明日から来なくていいから。
近藤　ま、待ってください。もう一度だけチャンスをください。
古井　どのツラ下げてそんなこと言えるんだよ。
近藤　いい企画があるんです。いつ提案したらいいか、ずっと温めてたんです。
古井　もういい、決めたから。
近藤　聞くだけでいいですから。（竹下に）イス、イス用意して！
竹下　はい。

近藤、テーブルの下からダンボール箱を出してくる。

近藤　これです。見てください。

近藤、ダンボール箱からカエルのマスクを取り出す。

古　井　なんだよ、これ。
近　藤　ゲロ子です。これに（ト、またダンボール箱から女子高生の制服を取り出す）これを着せて（ト、ゲロ子のマスクに当ててみなに見せる）ゲロ子の完成です。
古　井　はあ？
近　藤　都市伝説ですよ、都市伝説。いたでしょ、口裂け女とかそういうの。あれ、やるんです。女は噂話が大好きです。だから都市伝説です。かわいいでしょう。ゲロ子です。タイトルは、「笑ってよゲロ子ちゃん」です。まず、ゲロ子の情報をくださいってビラを撒くんです。（ト、ダンボール箱のなかからビラを出し、古井に渡す）ビラを撒いたあとは、ゲロ子が街のあちこちに出没します。その目撃情報を送ってもらうんです。
古　井　くっだらねえ。
近　藤　口裂け女だって、口コミで噂がどんどん広がって、今じゃあ本や掲示板ができるくらいなんです。絶対に当たります。ハガキがどんどん来ます。
竹　下　でも、それって、ヤラセじゃないんですか？
近　藤　ヤラセで何が悪いの！　ラジオは聴かれてナンボなのよ！　ちょっと来なさい、（ト、竹下の腕を引っ張る）いい？　このままじゃ、あたしもあんたもクビになるのよ。

竹下　でも、もしバレたら……。
近藤　バレないようにやりゃあいいじゃない。ここにいる人たちが黙ってりゃあ、分かりゃしないんだから。
竹下　でも……。
近藤　このままじゃあ、あんた、アナウンサー自体続けられなくなるのよ。それでもいいの？
古井　この企画、採用しよう！
近藤　あ、ありがとうございます！
古井　だが一週間だ。一週間経っても、ハガキがまったく来なかったら、その時はここにいる全員、責任取って辞めてもらうからな。
近藤　はい！　がんばります！
古井　だが、その気持ち悪いマスク、誰が被るんだ？
近藤　この子です。

近藤は、村上の腕を引っ張って、古井の前に連れてくる。

古井　誰、お前？
近藤　ＡＤです。今回の放送事故の張本人です。この子、おたまじゃくしみたいなアタマしてるんです。どうせいたってロクな仕事しやぁしないんだし、この子に責任取ってゲロ子やらせます。（村上に）やるわよね。

村上　……はい。

近藤　何よ、その返事は。誰のせいでこんなことになってると思ってるのよ！

村上　やります。ゲロ子になります。

近藤　分かってんじゃないの（ト、村上を突き放す）。あ、ちなみにこの制服、私のです。私、コスプレマニアなんです。看護婦もスチュワーデスも持ってます。夜な夜な着て、街へ繰り出してます。

竹下　恥ずかしくないんですか？

近藤　恥ずかしくないわよ！

古井　結果！　結果出してくれよ！

最敬礼して見送るスタッフたち。古井、スタジオを出てゆく。

近藤　みんな集まって。円陣組むわよ。

みな、集まる。

近藤　今日から一週間で結果を出さなきゃいけないわ。竹下ちゃん。

竹下　はい。

近藤　ビラ増し刷りして。それから、たま子。
村上　はい。
近藤　あんたは今日からたま子じゃなくてゲロ子よ。すぐ着替えてきて。もう二度と脱いじゃだめ。ご飯もお風呂も寝る時も、これ被ってること。いいわね。いい？　分かった？
村上　……はい。
近藤　銀二くん。
銀二　はい。
近藤　あんた、たま子、いいえゲロ子と同期入社だったわよね。
銀二　はい。
近藤　着替え手伝ってあげて。で、飛んでも跳ねても脱げないように顔にくっつけちゃって。
銀二　……。
近藤　返事は！
銀二　……はい。
近藤　一週間後、絶対にあのプロデューサーの鼻をあかしてやるんだからね。すぐに取り掛かりましょう。ファイト〜！
全員　オー！

近藤・竹下、スタジオから出てゆく。なかには銀二と村上だけが残る。

村　上　着替えなきゃ。

村上、制服に着替えをする。カエルの手の形をしたグローブをつける。
銀二はいたたまれず、着替える村上に背を向ける。

村　上　（背を向けている銀二に）アタマ、手伝って！
銀　二　（振り返って）……ほんとにいいのかよ？
村　上　私のせいだし……

銀二、言われるままにゲロ子のマスクを被せる。

ゲロ子（村上）（完成した姿になって）どう？　かわいい？
銀　二　……別に。
ゲロ子　……じゃあ、行ってきます。

ゲロ子、扉に向かって歩き出す。

銀　二　たま子！
ゲロ子　うん？
銀　二　ちょっといいか？
ゲロ子　……いいよ。

二人並んで座る。沈黙が流れる。

銀　二　でもホントむかつくよなあ。ハガキが一通も来ない番組やったってしょうがないじゃないかよ……なあ！　そんなカエルやめて、オレと一緒に逃げようぜ。
ゲロ子　……銀二くん、好きな曲、何？
銀　二　え？
ゲロ子　いいから。
銀　二　……Ｈｅｙ！　Ｓａｙ！　ＪＵＭＰ。
ゲロ子　……そういうの聴くんだね。
銀　二　別にいいだろ……お前は？
ゲロ子　私は徳永英明の「レイニーブルー」が好き。
銀　二　意外だな。
ゲロ子　うん。……銀二くん、銀二くんの好きな曲かけてよ！

銀　二　え、やだよ。
ゲロ子　いいじゃん。お願い。……あ、あのこと言っちゃうよ！　あの人たちに。いいの？　きっとすっごく叱られると思うなあ。いいの？　本当に言っちゃうよ。
銀　二　（何のことかよく分からないが、しかし心当たりでもあるのか、なぜか焦ってしまって）……わ、分かったよ。

銀二、音楽をかけにいく。

ゲロ子　（使い慣れない機器を一生懸命操作している銀二の背に）あの人たちにいじめられても逃げちゃだめだよ。いつか一緒にいい番組作ろうね。
銀　二　（ゲロ子の方を振り向いて）……。
ゲロ子　そしたら、最初に二人の好きな曲、流そうよ。
銀　二　ああ！
ゲロ子　約束！　同期だもん！　ね！

銀二、うなずく。音響機器のスイッチを入れる。
「つなぐ手と手」が二人きりのスタジオに流れる。

ゲロ子　銀二くん。踊ろうよ！
銀　二　え、やだよ。オレ踊れないし……。
ゲロ子　ね！

　　　ゲロ子、手を差し出す。

銀　二　……いいよ。

　　　ゲロ子・銀二、踊る。

ゲロ子　じゃあ、行ってくる。

　　　ゲロ子、元気を装って歩き出す。

銀　二　おい！
ゲロ子　ん？
銀　二　困ったら言えよ。きっと助けにいくから。

ゲロ子、大きくうなずく。扉から出ていく。

銀　二　（ゲロ子を見送ってから）仕事をがんばるたま子に送る曲、Ｈｅｙ！　Ｓａｙ！　ＪＵＭＰ「つなぐ手と手」。がんばれ！　たま子！

音楽が大きくなる。
ゲロ子は街へと飛び出していった。

◆シーンⅡ　旅立ち

それから一週間後。
ＯＮ ＡＩＲのランプが点いている。ラジオの本番中である。
スタジオのなかには、近藤・竹下・銀二が座っている。

竹　下　（ハガキを読みながら）碧南市の匿名希望さんから。初めてお便りします。ゲロ子、見ました。昨夜、ふと犬小屋のなかを覗いたら！　いたんです、ゲロ子が！　ウチのコロと一緒にすやすや眠ってました。風邪引くといけないと、要らない毛布をそっとかけてあげました。へえ、犬小屋のなかにいたんですか。ゲロ子はお家がないんでしょうかね。匿名希望さんはいいことしましたね。ゲロ子も喜んでいると思いますよ。
次のお便り。西尾市のピーマンさん。こんにちは！ ゲロ子目撃しました。といっても私ではなく四歳になる娘が目撃者です。通っている保育園の滑り台の上で、空を眺めていたのだそうです。「ゲロ子ちゃ〜ん！」と娘が呼びかけると、慌てて滑り台を滑って、手を振りながら走り去ったそうです。アタマにブツブツがついていて気持ち悪かったと娘は涙目で話してくれました。

近藤、終了時間だよ、の相図を竹下に出す。竹下、うなずく。

竹下 そうですか……。四歳の娘さんにはちょっと刺激、強かったかな。ピーマンさん、お便りありがとうございます。
さて、本日もお別れの時間となりました。すごいですね、「笑ってよ ゲロ子ちゃん」のコーナー、開始から一週間ですが、毎日すっごくたくさんのお便りが寄せられています。嬉しいですよね。ゲロ子情報は「ウーマンズナウ」の独占企画です。これからも、どしどしお便りくださいね。
それでは今日はこの辺で。お相手は竹下あかりでした。バイバイ！

銀二、録音のスイッチを音響機器の所に切りにいく。

ＯＮ ＡＩＲのランプ、消える。

近　藤　完璧！　竹下ちゃん！　素敵！
竹　下　お疲れ様です。
近　藤　すっごいじゃない！　ゲロ子コーナー、まだこんなに（ト、ハガキの束を見せて）あるんだから。ああ、ホントにラク！　ハガキ書かずにすむと！
竹　下　当たりましたね。
近　藤　でしょ？　私のウデよ、ウデ。

古井、ダンボール箱を抱えてスタジオに入ってくる。

近　藤　プロデューサー！
古　井　はい！　午前中に届いた分。
近　藤　もしかしてこれ全部、ゲロ子情報ですか？
古　井　そう！　こんなの局始まって以来だって！

ゲロ子、ヨロヨロとスタジオに向かって歩いてくる。

竹　下　おめでとうございます。みんなプロデューサーのお力ですね。
古　井　そんなことない。竹下の声の力だよ。お前、もうすぐ大手に引き抜かれるんじゃないか？

竹　下　え！　そんな私なんて。プロデューサーこそ独立したりして。
古　井　そんな大それたことちっとも思ってないよ。

ゲロ子、からだをあずけるようにして、重いスタジオの扉を開けて、なかに入ってくる。

銀　二　（ゲロ子を見つけて）ゲロ子！

ゲロ子、崩れ落ちる。
銀二は駆け寄り、ゲロ子を抱きかかえる。

銀　二　しっかりしろ！

古井・近藤・竹下、ゲロ子を発見し、驚いたのち、異臭を放っているらしく口の辺りを押さえ、遠巻きにする。
ゲロ子、力なくテーブルの上の水を指さす。

銀　二　何？　水か？　すいません！　どなたか水を……。

竹下、自分のテーブルの上のペットボトルを持っていき、差し出す。

銀二　ありがとうございます。(ゲロ子に)飲めるか?

ゲロ子、身を起こしてペットボトルを受け取り、何とか自分で水を飲む。

銀二　(竹下にペットボトルを返しながら)ありがとうございます。
竹下　あなたさ、ここ来ちゃだめでしょ。ねえ近藤さん。
近藤　え? ああ、そうね。
竹下　放送局に出入りするところ見られたら、ヤラセだってバレちゃうんじゃないですか?
古井　誰にも見られなかっただろうな。

ゲロ子、ウンウンと必死でうなずく。

古井　お前たち、何とかしとけよ。

古井、スタジオから逃げるように出てゆく。

近藤　出ましょう。臭くて喋れやしない。

近藤、扉からスタジオの外に出る。

竹下　銀二くんも早く。（ト、銀二に手招きする）

銀二、呼ばれて移動しようと立ち上がる。
ゲロ子も一緒に出ようとするが、

竹下　（ゲロ子に）あなたはダメ！

竹下・銀二、扉からスタジオの外に出る。
ゲロ子、制止されてスタジオ内にとどまる。でも、気になるらしく扉をそっと開けて会話を立ち聞きする。

近藤　この番組、今ではたくさんのリスナーが聴いてくれてる。そうよね。
竹下　はい。
近藤　竹下ちゃんの言う通りよ。ゲロ子がヤラセだとバレたら、私たちはきっと社会的な制裁を受ける。
竹下　そうです。
近藤　銀二くん。
銀二　はい。
近藤　二度と局に近づかないよう、ゲロ子に言いなさい。あなたが説得しなさい。同期入社なんだから。
銀二　……。
竹下　返事は！
銀二　……。
竹下　返事！
銀二　……でも。
近藤　でも何？
銀二　……いえ。
近藤　あなたたち。今後一切、ゲロ子と接触してはだめ。ビラ配りで顔が地域の人たちに知られているから。
竹下　分かりました。
近藤　（銀二に）これも伝えといてちょうだい。マスクは取らない。自分の家には帰らない。誰がどこで見てるか分からないから。街中に防犯カメラがあるの、あなたも知ってるわよね。

銀　二　でも……。
竹　下　何よ、でもでも、ってうるさいわね。
近　藤　何？　早く言いなさい。
銀　二　ゲロ子はどこで寝るんですか？　どうやってご飯とか食べるんですか？
近　藤　そんなことはゲロ子が自分で考えればいいことだわ。任せたから。よろしくね。（竹下に）行きましょう。空気のいいところでお茶でもしましょうよ。
竹　下　はい！

近藤・竹下、立ち去る。
銀二、スタジオに戻る。しかし、ゲロ子に言い出せない。

ゲロ子　こっち来て。

銀二、佇んだまま動かない。

ゲロ子　いいからここ来てよ。あ、私、臭うからヤかな。

銀二、ゲロ子の隣に座るが言い出せない。沈黙が流れる。

銀　二　（意を決したように）あのさ……。
ゲロ子　聞いてたから！　言わなくていいよ。

ゲロ子、きんちゃく袋を取り出し銀二に渡す。

ゲロ子　これ、銀二くんが預かってて。
銀　二　（きんちゃくのなかを確認し）だめだ！　財布くらい持ってけよ（ト、きんちゃく袋を返そうとする）。
ゲロ子　だめだよ！　私は都市伝説なんだから。ね、銀二くんが預かってて。
銀　二　でも！
ゲロ子　大丈夫だよ。今日までの一週間だって、私、一度も買い物なんてしてないんだから。
銀　二　何食べてたんだよ。
ゲロ子　……いろいろ。大丈夫だよ。
銀　二　じゃあ、今日はなんでここ来たんだよ。
ゲロ子　決まってるじゃない。銀二くんの顔見たいなあって。
銀　二　……。
ゲロ子　今、音響って、銀二くんがやってるんでしょ。

銀　二　ああ。

ゲロ子　お願いが一つある。

銀　二　何だよ？

ゲロ子　トランジスタラジオ、一つちょうだい。

銀　二　え？

ゲロ子　そうすれば、銀二くんの放送聴けるじゃない。音楽が流れたら、あ、これ銀二くんが入れてるんだって、思えるじゃない。そしたらきっと……。

銀　二　きっと何だよ？

ゲロ子　きっと、私もがんばってゲロ子になろうって思えるからさ。ね、いいでしょ。

銀二、棚からトランジスタラジオを持ってきて、ゲロ子に渡す。

ゲロ子　わあ、ありがとう。毎日聴くよ、銀二くんの入れる音楽。

銀　二　……うん。

ゲロ子　じゃあ行くね……そうだ、リクエストがあるんだ。かけて、景気よく見送ってよ。

銀　二　……いいよ。

ゲロ子　ＲＣサクセションの「トランジスタ・ラジオ」。私がラジオ局入りたいなって思ったの、この曲聴いたからなんだ。

銀二、音響機器に音楽をかけに移動する。ゲロ子、その間にそっと扉から出てゆく。音がしないように閉め、扉を背にして佇む。

銀　二　じゃあ流すぞ。

銀二が振り向くと、ゲロ子はもういない。

銀　二　……住所不定のゲロ子からのリクエスト。ゲロ子、リクエストありがとな。ラジオずっと聴いててな。おれたち、友だちだから。会えなくてもおれたち、電波でつながってるから。ゲロ子に送ります。ＲＣサクセションで「トランジスタ・ラジオ」。

銀二、スイッチを入れる。ＲＣサクセション「トランジスタ・ラジオ」、流れる。
ゲロ子、しばらく佇んで聴いていたが、やがて歩き出し、去ってゆく。
銀二は、さっきゲロ子と並んで座った場所にゆっくり歩いてゆき、置いてあったゲロ子のきんちゃく袋を拾い上げ、抱きしめる。

◆シーンⅢ 噂

銀　二　その日以来、ゲロ子は局に姿を見せなくなりました。「笑ってよ ゲロ子ちゃん」のコーナーは相変わらず絶好調で、ひと月経ってもふた月経っても、ハガキの減る気配はまったくありませんでした。番組が好調だとプロデューサーもディレクターも機嫌が良く、私みたいな下っ端にも優しくしてくれました。毎日の放送を大過なくこなしながら、それでも私の心は晴れませんでした。今頃ゲロ子はどうしてるだろう、困ってないかしら、寂しがってないかしら、いつも心のどこかにひっかかっていました。それでも、番組的にはすべてが順調に過ぎてゆきました。

ＯＮ ＡＩＲのランプが点く。本番中である。
スタジオには、古井、近藤、竹下、銀二がいる。

竹　下　大好評「笑ってよ ゲロ子ちゃん」コーナー、今日はあと、一枚読めそうですね。（机の上の束から無造作に選んで）刈谷市の匿名希望さん。こんにちは。私、ゲロ子と小学校で一緒のクラスだったんです……！　彼女は生まれつきの奇形で、その顔を隠すためにお母さんが特注であのカエルのマスクを作ったんです。私、彼女が初めてマスクを着けて登校した小学校六年生のあの日を忘れられません。これが、卒業アルバムのゲロ子の写真です。……刈谷市の匿名希望さん、ありがとうございました。
（机の上の束から無造作に選んで）つ、次のお便りいきますね。安城市の、これも匿名希望さんですね。……いつも楽しく聴いています。ゲロ子、ウチの牛、殺したんです！　ゲロ子の手はカエルの、緑色の手ですよね。あのとがった指の先には、カミソリの刃が仕込んであるんです。二日前の月夜の晩です。牛舎の掃除に行くとそこにゲロ子がいたんです。月の光にカエルのシルエットが浮かび上がっていました。ゲロ子は一頭の牛に近づくと、サッと手を、まるで刀を振るうように動かしたのです。指の先がキラリと光りました。ゲロ子はそのままゆっくりと出ていきました。見ると、牛は喉笛を切られ、すでに絶命していました。パックリ開いた傷口がザクロのようでした。ゲロ子は悪魔です。みなさん、ゲロ子を見たらすぐに逃げましょう……。安城市の匿名希望さん、ありがとうございました。
女性のための情報番組「ウーマンズナウ」、今日もお別れの時間となりました。それでは良い一日を。お相手は竹下あかりでした。バイバイ。

ＯＮ ＡＩＲのランプ消える。

竹　下　これ、どういうことですか……たまたまヘンなの選んじゃっただけですよね、きっと。（ト、テーブルの上のハガキの束を拾い上げ、何枚か目を通し）何よこれ。ゲロ子は一〇〇メートルを五秒台で走る……。（ハガキをめくって）ゲロ子は父親に犯されて、以来、人間を憎んでいる。（どんどんハガキを繰って）みんなこんなのですよ。

近藤　……いいじゃない。どしどし読みましょう。
竹下　まずいですよ、穏やかで朗らかな朝のひとときを提供する番組なんですよ。もうこのコーナー中止しましょう。
近藤　何バカなこと言ってるの。
古井　誰がこんなハガキを書いてるんだ？
近藤　リスナーに決まってるじゃないですか。……ねえ、竹下ちゃん、この時間帯ってどんな人が聴いてると思う？
竹下　……主婦、ですか。
近藤　そう、子どもを幼稚園に預けたあと、家に戻ってきて、のんびり洗たく干しでもやりながらラジオを聴いている暇な専業主婦よ。
竹下　これ、全部ウソ、ですよね。
近藤　そうよ、もちろん。そんなの私たちが一番知ってるじゃない。
竹下　何なんですか、これ。レイプだとか、一〇〇メートル五秒台とか。
近藤　だからこそ都市伝説じゃない。ゲロ子はついに都市伝説になったのよ。これからはウワサがウワサを生み出していくわ。もう私たちがいろんな仕掛けをする必要はない。送られてくるハガキをどんどん読み続ければそれでいい。もしかしたらこのコーナー、出版されたり、メジャーなテレビに取り上げられるかもよ！
古井　……すげえ。

竹下　……もう、やめましょう。さっき、私どんな声で読んだらいいか分からなかった。
近藤　淡々と読めばいいのよ。忘れないで。このハガキは、実際にリスナーが書いたものなのよ。普通の市民生活を、普通に営んでいる。普通の一般市民が書いたものなのよ。
竹下　ちょっと……。
近藤　ちょっと何！
竹下　ちょっと……怖い、ですね。
近藤　怖いわよ、人間だもの。これからは、もっともっとこのテのハガキが来るでしょう。絶対にやめちゃダメ。読み続ければ、ゲロ子は、そして私たちの「ウーマンズナウ」は、きっと伝説になる！（古井に）そうですよね！
古井　……ああ。
近藤　（銀二に）そうよね！
銀二　……。
近藤　返事は！
銀二　はい。

◆シーンⅣ　悪意

銀二　収録の終わったあとや休みの時間のすべてを使って、その日から私は街中を歩き回りました。

ゲロ子に会いたかったんです。ゲロ子に会って、本当にゲロ子がゲロ子になってしまったのか確かめたかったんです。私はゲロ子と約束しました。困ったらきっと助けにいくからと。今がその時だと思ったんです。ゲロ子！（ト、叫ぶ）

椎名林檎「アイデンティティ」、大音響で流れ始める。

銀二、ゲロ子を探して街へ飛び出してゆく。街中を駆け回り、必死で探す銀二。しかしゲロ子の行方は分からない。

近藤、古井、竹下は客席へ降りて散らばり、世間の声を演じる。銀二の耳にゲロ子の噂を放送する竹下の声と、世間の反応が突き刺さるように流れ込んでくる。

竹　下　知立市の匿名希望さんから。ゲロ子は前の中学校でイジメられ、私の学校に引っ越してきたの。私、同級生でした。岡崎市のサルさんから。近所のお寺の本堂の下にゲロ子のアジトがあります。野良猫を捕まえてきては絞め殺し、食べています。
世間の声　ゲロ子、って可哀想な奴なのねえ。
銀　二　え？
竹　下　幸田町の、ラジオネーム一休さん。ゲロ子は人間を憎んでいます。ゲロ子に道で会ったら注意して。「私、カエルかな？」とゲロ子が訊くから、その時は間髪を容れずに「ううん、かわいい女の子だよ」と答えないといけないのだそうです。そうでないと……大変なことになります。

世間の声　ふうん。「かわいい女の子だよ」か。覚えておかないとなあ。
銀　二　え？
竹　下　知立市の匿名希望さんから。一休さんの言うことは違ってます。うちの子は、もう少しであの緑の手で喉を掻っ切られるところでした。ゲロ子が「私、カエルかな」と訊いたら「笑ってよ、ゲロ子ちゃん」と言うのです。これで助かった子がいます。間違いないです。
世間の声　まあ、怖い。間違えないように言わなきゃ。
銀　二　えっ？
世間の声　緑の手にはカミソリが仕込んであるんだってよ。
銀　二　そんなはずない！
世間の声　きっと事実よ。じゃなきゃこんなにハガキが来るわけないじゃない。

竹下の放送の声、世間の噂、ヒートアップし、とめどなく銀二の耳に流れ込んでくる。聞きたくない。でも、声は止められない。耳をふさぐ銀二。それでも噂は止められない。

銀　二　（耐えきれなくなり）うるせえ！

音楽、消える。

◆シーンV　別れ

銀　二　どんなに探してもゲロ子に会うことはできませんでした。ゲロ子は本当に変わってしまったのか、確かめることはできませんでした。でも、私は信じたくありませんでした。あの、優しくてドンくさいゲロ子が、牛を殺したり、猫を食べたり、一〇〇メートルを五秒台で走ったり、そんなことできるはずないのです。

怖ろしいことは、スタッフがみんな、ハガキの内容を次第に信じ始めたことです。真っ白いTシャツを見て、最初はこれは白だと分かっていたのに、周りの人が寄ってたかって、これは黒だ、黒だと言い続けると本当に黒いTシャツだと思えてしまう。そういうことってあるんだと私は初めて実感しました。

番組に寄せられるゲロ子情報は、始まって半年になろうというのに一向に減る気配がありませんでした。内容はますます過激に、陰惨になってゆきました。私だけは、本当のゲロ子を忘れないぞと毎日必死で自分に言い聞かせました。

銀　二　（歩きながら）梅雨が明けた頃、竹下さんが、アナウンサーを降りたいと言い出しました。

竹下、音響機器辺りへ後ずさり、頭を抱えてうずくまる。

銀　二　どんな読み方をすればいいか分からなくなった、というのが降板の理由でした。番組のアナウンスは、私が務めることになりました。その頃からです。こんな内容のハガキが次々に番組に届き始めたのは。

銀二、アナウンサー席に座ってハガキを取り出し、読む。

銀　二　初めてお便りします。七月の最後の日曜日、番組収録中にゲロ子はスタジオにやってきます。そうしてＯＮ ＡＩＲ中に、その場にいるスタッフ全員を皆殺しにします。

近藤、ソワソワ歩き回っている。古井は腕を組んで座ったまま、動かない。

古　井　どうするんだよ！　今日だぞ、今日！　ゲロ子がオレたちを襲いに来るのは！（近藤に）今日の放送、やっぱり中止しよう。

近　藤　番組に穴開けることなんてできるわけないじゃないですか。

古　井　音楽流しときゃいいじゃないか。

近　藤　本気で言ってるんですか？　絶対にだめです。

竹　下　（ずっと頭を抱えていたが突然立ち上がり）ゲロ子は私たちに復讐に来るのよ。私たちがこんなコーナーを作ったばっかりに、静かな暮らしがおくれなくなったんだから。

近藤 黙りなさい。

竹下 ハガキずっと読んでた私には分かる。ゲロ子が私たちを憎むのは当然よ！

近藤 黙りなさい！　……もうＯＮ ＡＩＲの時間よ。（銀二に）これ、今日のハガキ。（ト、机に叩きつけるように置いて）お願いね。逃げたい人は逃げてもいいわよ。でも職場放棄だからね。クビになっていい人は出ていって結構よ。

竹下 失礼します。

近藤 お疲れ様。

竹下、扉から出て走り去る。

古井 お前らはどうするんだ？

近藤 私は残ります。生活がありますから。

古井 お前は？

銀二 私も。

近藤 （時計を見て）時間よ。「笑ってよ ゲロ子ちゃん」コーナーから行くわよ。本番５秒前。４、３、２……。

近藤、スタートの合図を出す。
ＯＮ ＡＩＲのランプが点く。

銀　二　みなさん、日曜日の朝のひととき、いかがお過ごしでしょうか。女性のための情報番組「ウーマンズナウ」。アナウンサーの佐藤銀二です。
　さて、今日もたくさんのお便りをいただいている「笑ってよ ゲロ子ちゃん」のコーナーから参りましょう。今日最初のお便りは……（ト、ハガキを手に取り）住所不定の、銀二くん大好きっ子さんから。ありがとうございます。嬉しいなあ。初めてです。こんなラジオネームのハガキ。なになに……ラジオいつも聴いてます。銀二くんの声は、とっても癒されます。ゲロ子は今日、スタジオに遊びにいきます。リクエストは徳永英明「レイニーブルー」お願いします。
　銀二くん大好きっ子さん、ありがとうございます。そうですね、声で癒される。そんなこと言われたの、初めてです。とっても嬉しいです。それでは、お聴きください。徳永英明さんで「レイニーブルー」。

近藤、音響機器のスイッチを押す。「レイニーブルー」が流れ始める。

古　井　良かったじゃないか。お前にもファンがついて（ハガキを何気なく拾い上げ）……。
近　藤　（古井の異変に気付き）どうしたんですか。

古井　このハガキ、消印がない……。
近藤　局に直接持って来たってことですね。銀二君、どうしたの？
銀二　ゲロ子、本当に来ると思います。
近藤　え？
銀二　この曲、ゲロ子の一番好きな曲なんです。
古井　このハガキ、ゲロ子自身が書いたってことか？　そんなの偶然だろ。

竹下、駆け込んでくる。スタジオのガラスを叩く。扉を叩いて、入れてくれるように頼む。

近藤　（扉を開けてやり）どうしたの！
竹下　来た、来たのよ！……ゲロ子が本当に来たのよ！

スタジオのメンバーに動揺が走る。

近藤　カギをかけるわ！　あなたは音楽をリピートにして。

近藤、カギを急いでかける。銀二は近藤の指示通りにする。

竹下　私たちはきっと皆殺しにされる。
古井　（銀二に）お前、男だろ。何とかしろ。
近藤　……そうだ。銀二くん。
銀二　はい。
近藤　あなた一番下っ端よね。
銀二　はい。
近藤　あなた、盾になりなさい。
銀二　え？
近藤　え、じゃないわよ。一番若いし、きっと体力もあるわね。あなたが盾になって、そのスキに私たちが逃げるのよ。
竹下　そうですね。若いし、家族もいないんでしょ？
古井　ここ乗り切ったら、そうだ。お前に番組一本持たせてやるよ。
近藤　頼むわよ、この通り。さ、行きましょう。

三人は、銀二を盾にして扉に近づいてゆく。
ゲロ子が本当に現れた。ゆっくりゆっくりスタジオに近づいてくる。

竹下　（ゲロ子を見つけて）来たぁ〜！（ト、叫ぶ）

ゲロ子、スタジオのガラスを叩く。

竹下・古井、壁際に逃げる。近藤、その場に腰を抜かしてしゃがみ込む。銀二だけは突っ立ったままゲロ子を見つめ、よろよろと扉に近づいていこうとする。

近藤、銀二を力ずくで引き戻す。

近藤 （銀二に）あんた何やってるのよ！

竹下 殺されてしまうわ。

銀二 そんなはずない！

竹下 どうしてそんなことが言えるのよ。

古井 緑の手にはカミソリが仕込んであるんだぞ。

銀二、扉に向かって走り出す。近藤、もう一度力ずくで引き戻す。

勢いあまって二人とも床に倒れ込む。

近藤 何する気よ！

銀二 決まってんだろ！　ゲロ子に会いに行くんだよ。

近藤 行かせるわけないでしょ……行くなら、私を殺してから行きなさいよ。私には二人の子どもがいるのよ。ここで死ぬわけにはいかないんだよお！　あんな（ト、古井と竹下を指さして）若いだけの奴らと一緒にしないでよ！

近藤、ハガキの束を銀二の目の前に差し出し、

近　藤　落ち着きなさい！　ゲロ子は人殺しなのよ。こんなにいっぱいハガキが来てるじゃない！

銀　二　（ハガキを奪い取り）こんなもん、ただの紙切れなんだよ！

銀二、ハガキを宙に投げる。スタジオ中にハガキが舞い散る。

近　藤　じゃあ聞くけどね、このハガキがインチキだって証拠見せてよ。え？　言えるの、あんた。

銀　二　おれの知ってるゲロ子はなぁ、おれの知ってるゲロ子は……！

近　藤　何なのよ、おれの知ってるゲロ子は！　私には分かるんだよ。ゲロ子は変わったのよ！　私には分かるんだよ。私はコスプレマニアよ。あんたなんでコスプレが楽しいか分かる？　セーラー服を着てるとねぇ、私だって女子高生になれるのよ！　だから、ゲロ子はゲロ子になったんだよ！　そんなに行きたけりゃあ、ゲロ子が変わってないって証拠を、私の目の前に突きつけて見せなさいよ！

ゲロ子、扉を開けて入ってくる。

竹下　キャ〜！
古井　来たあ〜！

なかの四人、パニックになり右往左往する。

ゲロ子　銀二く〜ん！（ト、懐かしげに銀二に駆け寄る）

銀二、ゲロ子をよけて、思わず逃げ出してしまう。

近藤　そら見なさい。あなた逃げたじゃない。あなたはゲロ子なんて信じてないのよ。さあ、どうするの。ゲロ子を信じるの、ハガキを信じるの！　どっちなのよ。
銀二　ゲロ子だよ！

ゲロ子、嬉しそうに手を銀二に向かって差し出す。
銀二は思わず反応してそれを振り払い、椅子で防御の姿勢を取ってしまう。

近藤　あなた、何よけてんのよ。そんなんでゲロ子を信じていると言えるわけ？　あなたも変わったのよ、ゲロ子が変わってしまったのとおんなじようにね。

ゲロ子、紙袋に手を入れる。

近藤　（ゲロ子、紙袋に手を入れたのを見て）武器よ！（ト、叫ぶ）

銀二　うわぁぁ～！

銀二、唸り声を上げて、椅子をゲロ子に向かって振り上げてしまう。銀二はゲロ子を信じ切れなかったのだ。椅子を振り上げた銀二の目の前には、花束が差し出されていた。銀二、花束を見て椅子を振り下ろせなくなり、凍りつく。

ゲロ子も花束を差し出したまま動かない。が、やがて身を翻し、机の上にそっと花束を置いた。ゲロ子は紙袋から丸めた模造紙を取り出す。持ってスタジオの奥へと歩いてゆく。近藤を促して手伝わせ、ゆっくりと広げて銀二に見せる。模造紙には「銀二くん、アナウンサーになれて良かったね」と書かれていた。ゲロ子は、模造紙をテーブルに畳んで置くと、銀二の横をすり抜けて、ゆっくりとスタジオから出ていった。

銀二たち四人は、ゲロ子が出ていったあとも固まったように動けなかった。やがて銀二は、その場に崩れ落ちた。

「レイニーブルー」、さらに大きくなる。

（了）

【レッスン：ボールまわし】

①八〜一〇人で円を作ります。
②バレーボールを隣の人に手渡していきます。「はい」と声をかけ、丁寧にリズミカルにまわします。
③バレーボールをまわしながら、テニスボールを二つ、同時に投げ合います。テニスボールは両隣以外の人に、「ねえ」と呼んで投げます。
④バレーボールはリズミカルに滞りなくまわすこと。テニスボールは受け取って三秒以内にほかの人に投げること。

この注意点を守り、一つのボールも落とさずに一分間、三つのボールをグループ内でまわし続けます。

「声が聞こえる」「声が自分の方に来た」「自分に話しかけられた」。この三つの違いを理解し、経験するためには次の「話しかけのレッスン」が優れています。

「話しかけのレッスン」は故・竹内敏晴氏が生み出したレッスンで、次のように行ないます。

まず、一対一のレッスン。

①二人一組で立って実施します。一人は後ろ向きに立ちます。
②もう一人は、相手のすぐ後ろに立って、背中に向かって短い言葉で話しかける。話しかけられた人は、「自分に話しかけられている」と感じたら、振り返ります。

③相手が振り返ったら、二人の立つ距離を少しずつ開けてゆきます。

次に、一対多のレッスン。

①八〜一〇人で実施します。話しかけ手を一人決め、残りの人は聞き手役。話しかけ手は聞き手役から空間をやや広くあけたところに立ちます。聞き手は勝手な位置に、勝手な方向を向いて座ります（話しかけ手の方を向いていたい人は目をつむります）。

②話しかけ手は、聞き手の誰か一人に短い言葉で話しかけます。

③聞き手は、一人ひとり別々の方向を向いたまま話しかける声を聞きます。「自分に話しかけられている」と感じたら、手を挙げます。

哲学者の鷲田清一氏はその著書のなかで、話しかけのレッスン（一対一）に触れ、竹内氏の『ことばが劈《ひら》かれるとき』を引用しつつ、こんなふうに書いています。

ほんとうにじぶんが話しかけられているのかよく聞いてみるよううながすと、じぶんの何歩か後ろにいる誰かに話しかけているようだ、頭越しに遠くのひとに話しかけているようだ、あるいは、じぶんに話しかけているらしいが「こえが届いてこない」といった感想が返ってくる。もっとはっきり、「こえが背中にさわった」「耳にさわって前へ抜けた」「肩をかすった」「あ、どんと当たった」というぐあいに報告する例も出て来る。

（『「聴く」ことの力』）

「話しかけのレッスン」を行なった人は、何とかして相手に話しかけたい、と思うようになります。でも、これが難しい。「話しかけよう」と思えば思うほど、相手は話しかけられた気がしなくなってしまうようなのです。

話しかけることができた、という経験をたくさんの人にしてもらいたい。そう思って考案したのが、「ボールまわし」のレッスンです。

このレッスンをやっている最中に、話しかけることができた、という経験をする人はたくさんいます。「ねえ!」と呼びかけると、自分が呼びかけた相手がパッと自分の方を振り向くのです。

相手のからだが動く。これが「話しかけ

ることができた」時の特徴です。話しかけることができた人に訊いてみると、「話しかけようなんて考えてなかった」と言う人が圧倒的に多い。「バレーボールがまわってきちゃうし、三秒以内にテニスボールは手から離さなきゃならないから、どうやったら相手に話しかけられるかなんて、思ってる暇がなかった」という感想を言ってくれる人が多い。

「届けてやろう」「何とか工夫しよう」という自意識がゼロになった時、人は相手に話しかけることができるのかもしれないと、僕は思っています。

「声が聞こえる」「声が自分の方に来た」「自分に話しかけられた」。この三つの違いを理解し、相手に話しかけることができるようになることは、特に人間相手の職業に就いている人にはどうしても必要な力です。

【レッスン参加者の声】

・「ねえ」だけで呼びかけてボールを渡すレッスンは、すごく難しかったです。でも、相手が自分が呼んだことに気付いてくれた時は嬉しくなりました。（高校生・男性）

・人の名前を呼ぶより「ねえ」の方が言いやすかった、気持ち的に……。やっぱり「ねえ」と声をかけてすっとその人だけこっちを見てくれたらすごく嬉しかったです。いろんな所に気を配るのは難しい。（高校生・女性）

・名前を呼んでも振り向いてもらえなかった。でも「ねえ」と呼びかけた時には、振り向いてくれた。レッスンの最中は夢中で気付かなかったけど、なぜなんだろう？ なぜ「ねえ」と呼ばれただけでちゃんと私の話しかけた人だけが振り向いてくれたのだろう？ 不思議でなりません。

（社会人・女性）

・「ねえ」と呼んでやった時が何だか一番緊張したと思う。最初、自分の「ねえ」の声の小ささに驚いた。どうしても取ってほしい時に出した声はもうちょっと大きくなるというか、違って聞こえる。人の呼びかけてる姿を見たり自分の声を聞いて、そう思った。

（高校生・男性）

❹ 春が、来る

戯曲▼　手紙～「赤い日々の記憶」からあなたへ

レッスン▼ロンド／シンクロンド

前略。

Nさんへ。

卒業おめでとう。

あなたを初めて見た時の第一印象は、「エネルギーがたくさんある子だなあ」というものでした。エネルギーが有り余っていて、そんな自分を扱いかねている感じを受けました。

ほかの演劇部員よりからだが大きいとか、声が人一倍大きいとか、そんなことは全然なくて、あなたはたくさんいる新入部員のなかに普通に混じって立っていただけです。着ているのもみんなと同じ学校指定のジャージだし、髪の毛の色も金髪ではない。

なのになぜ、僕はそう感じたんだろう。ああ、この子は演劇でもやっていないことには、犯罪者になってしまうに違いないと感じたのをよく覚えています。

あなたもよく知っているように、演劇は、からだと心のエネルギーをものすごく必要とします。エネルギーが不足している人は演劇には向きません。役者さんというのは、そこにいるだけで、その場がぱっと明るくなるようなエネルギーを持っている人のことです。

その一方で、演劇は、からだや言葉や心をきちんとコントロールできないとできません。たっぷりとしたエネルギーを持ち、しかもそれをコントロールする力を身に付けないと演劇はできないのです。

入部した頃のあなたに不足していたのは、自分をコントロールする力でした。あなたは感情のコントロールすらうまくできず、すぐに感情が高ぶってしまいましたね。

あれは入部して一ヶ月ほど経った、ゴールデンウィーク直前のことでした。

あなたは何かの拍子に感情が激して、ひどい過呼吸になった。部員みんながあなたの周りに集まっておろおろしていました。その中心に、うまく息が吸えなくなり、大きく肩を上下させながらしゃくりあげるあなたが座っていました。

激した感情に苦もなく振り回されるあなた。そんなあなたに振り回されている部員たち。少し離れて見ていて、僕は嫌な気がしました。

あの時、勝負だと思いましたよ。感情はコントロールできるんだと、あなたに教えられるかどうかの勝負どころだと。僕はわざとぞんざいに、あなたに向かってコンビニの袋を放り投げました。そしてストップウォッチをあなたの目の前でひらひらさせながらこう言いました。

「三分以内で止めてこい。じゃなきゃ金輪際、演劇やらせんぞ」

僕を睨み返した、あなたの目の光の強さを、僕は今でもまざまざと思い出すことができます。

「はい。スタート」

僕は、無表情でストップウォッチのスイッチを押しました。あなたはよろよろと立ち上がりました。ほとんど息が吸えない状態で。そしてコンビニの袋を持って、トイレに走っていきました。

部員たちがあとを追おうとしました。

「行くな！」

僕は部員たちを制止しました。

「心配すんな。あいつはきっちり止めてくるから」

　僕を睨み返したあなたの目。憎々しげに僕を睨み付けた目の光の強さが、僕にそう言わせたのでした。そして本当にあなたは三分で過呼吸を止めて戻ってきたのです。

　勝負に勝ったと僕は思いましたよ。勝ったのはもちろん、あなたです。あなたは、あなたを振り回してやまない、溢れ出る感情を初めて捻じ伏せたのだから。

　一年生の頃のあなたは、それでもまだまだ自分のエネルギーを持て余していました。いろいろありましたね。セリフを言いながらスキップで走らせていたら、あなたがあんまり一生懸命にいつまでも走り続けるものだから、足首が悲鳴をあげてしまい、翌日から疲労骨折になってしまったり。あるいは芝居のなかで、床を手の平で叩くシーンで、あんまり勢いよく叩いたものだから、手の親指の付け根にひびが入ったり。演劇でこんなに骨折する生徒は、あなたが最初で最後だと思います。

　あなたは、過剰なんだね。エネルギーも、行動も、感情も。そして人に対する姿勢も。あなたも苦しんでいたが、僕もある種の危うさを感じながら、ずっとあなたと接していました。

　宮沢賢治の「よだかの星」を練習でやった時のこと、覚えてますか？

　よだかは仲間の鳥からいじめられています。話の最後で、よだかはいじめに耐えかねて、一人で空に昇っていきます。

　稽古では、空に昇っていこうとするよだか役の生徒に、仲間の鳥の役の生徒が声をかけ、何とか死を思いとどまらせるという即興をやっていたのでしたね。率直な、相手の気持ちに届く言葉がどのようにしたら吐けるかをみなで実践してみようという稽古でした。

あなたはその日、よだか役でした。

あなたは、親友のUさんに声をかけて止めてほしかった。あなたとUさんは同じクラスで、入部した時からいつも一緒に行動していました。

一歩ずつ空に昇ってゆくあなたに、Uさんはなかなか声をかけられなかった。ほかの部員が声をかけても、「うるせえ」と叫んで、あなたは空に昇っていってしまいます。あなたがUさんの呼びかけを待っているのは、誰の目にも明らかでした。

Uさんがようやく声をかけました。

「……やめて……行かないで」

Uさんはお喋りが得意ではありません。声もか細くて、僕が聴いていても、本気で言ってないんじゃないかと思わせるような呼びかけでした。

突然、あなたが怒り出しました。

「たったそれだけ？」

もうその時には涙声になっていました。

「親友が死のうとしてるんだよ。たったそれだけなの？」

「……これ、お芝居だから」

Uさんはやっと答えました。

「そっか……じゃあ芝居じゃなかったら、もっと違った言い方してくれるんだね」

やばい、と僕が思った瞬間、あなたは身を翻して窓際に駆けていきました。窓を勢いよく開け放ち、片足を窓の外に出して、あなたは言いました。

「これなら、真剣に止めてくれる？」

あなたは、窓の外に体重をゆっくり移していきます。

「うち、本気だから」

あなたの目にはもう、Ｕさんしか映っていないようでした。

ほかの部員たちはあなたの全身から発する気迫に気おされたのか、誰も身じろぎすらできません。

「さあ、止めてよ。真剣だよ、うち」

「やめてよ……やめて」

さっきよりもか細い震える声で、Ｕさんはやっと言いました。

「聞こえねえよ！」

あなたは叫び、さらに身を窓の外に乗り出します。

「その程度か、親友がホントに死のうとしているのに、その程度か！」

そう叫んで、さらに身を乗り出した瞬間、僕はあなたの腰にしがみつきました。力ずくで、窓からあなたを引き剥がしました。勢い余って僕もあなたもごろごろ床に転がりました。あなたは転がったまま大声をあげて泣きじゃくっていた。

あなたにとって、Ｕさんは親友だったのでしょう。親友だったら、もっと心のエネルギーを全部注いで、我を忘れて自分に声をかけてくれるはずだとあなたは期待したのでしょう。

大変な生徒だなと思いましたよ、あの時。演劇部の練習場は校舎の四階ですから、飛び降りたらひとたまりもない。その一方で、僕はあの時、人を求めるあなたの気持ちの激しさに心を打たれたのでした。

あの日から三年。

あなたは生き延びました。

過呼吸にもならず、手首も切らず、犯罪者にもならずに高校卒業の日を迎えました。

三年生になった頃、あなたは僕にこう言いました。

「入学した時は、ホント、動物みたいだった」と。

本当にそうです。あなたは溢れ出るエネルギー以外は何も持っていなかった。でも、三年かけて、演劇を通してたくさんのことを身に付けていった。呼吸をコントロールすること、からだの動きを制御すること、与えられた状況設定のなかで感情や想像を働かせること……。思えばすべて具体的なスキルです。あなたは演劇を通して、自分のエネルギーを制御するスキルを身に付けていったのです。

演劇や演劇レッスンは一体、何の役に立つのだろう？　疲れ果てた日の夜、寝付けないベッドのなかでふと思うことがあります。そんな時は、演劇部や演劇レッスンで出会った人たちのことを思い浮かべます。がんばって自分を変えていった人たちのことを思い浮かべるのです。

Nさん、あなたのことを思い浮かべることもあるんですよ。

動物から人間になったあなたの姿は、僕の支えです。

あなたが好きな演劇レッスンは「ロンド」でしたね。ロンドは、二人で箸の両端を指で支えながら、一方が目を閉じ、もう一方に誘導されて動き回るレッスンです。

つい先日、行なった演劇レッスンに、あなたも来てくれましたね。その時、気付きました。あなた自身、気付いていないかもしれないけれど、「ロンド」をやっている時、あなた、とっても優しい顔になっているんですよ。うっすらと笑みを浮かべたような優しい表情になっているんです。

その顔を見て、過呼吸を止めてこいと言われた時に、僕を睨み返したあなたの目を思い出しました。この子はずいぶん遠くまで歩いてきたんだなと胸が熱くなりました。

Nさん、あなたはもう大丈夫です。

生き抜いていけます。

春が、来たのです。

戯曲▼手紙〜「赤い日々の記憶」からあなたへ

【作品情報】

二〇一一年（平成二三年）七月初演。同年一二月、中部日本高等学校演劇大会に出場。

三人の登場人物で演じられます。舞台の上には、黒いパネルが三枚置かれているだけです。照明はベタ明かりのみ。暗転は上演中、一回もありません。

この作品の際立った特徴は、全編、手紙のやりとりだけで構成されている点です。登場人物は、自分に送られてきた手紙を読みます。それだけで舞台は進行してゆきます。三人が直接会話を交わすことは一度もありません。顔を合わすのもラストシーンだけです。

照明もセットも最小限におさえたこの作品は、役者の存在を観せることを目的としています。芝居は役者の存在を観せるもの、台本はそのためのフォーマットである、という考え方をするようになったのは、この作品を作ったのがきっかけです。

テーマは明快です。作品のなかに次のようなセリフがあります。変わろうとしてもなかなか変われない女の子が絞り出すようにして書いた言葉です。

「人はそこまでして変わらなければならないものなのですか」

「人目が怖いっていうのは、不登校っていうのは、そんなにいけないことなのですか」

それに対して、高校生の女の子はこんなふうに答えます。この言葉も自分の生活から導き出された、ギリギリの言葉です。

「人は一人では生きていけません。でも、人は一人で生きていける強さを身に付けなくっちゃなりません」

「人は、変わらなければいけない。不登校のままではいけない。だって、人は……生きていかなきゃいけないから」

二〇一一年にこの作品を書いた当時から、これが僕の立場です。僕は、刈谷東高校に通って懸命に生きているたくさんの生徒を見て、この立場に辿り着きました。

自分が書いたたくさんの作品のなかから一本好きな作品を選べ、と言われたら、僕は迷わずこの作品を選びます。

【登場人物】

新田友美：高校二年生。演劇部員。

岩本和也：中学三年生。

柏原莉奈：中学三年生。

【時】二月二〇日から翌年四月五日までの約四ヶ月間。

【場所】刈谷東高校演劇部の部室。

中学三年生二人の、それぞれの自室。

椎名林檎「ギブス」が流れる。

上手《かみて》前（観客から見て舞台の右手前）・中央奥・下手《しもて》前（観客から見て舞台の左手前）に黒いパネルが一枚ずつ置かれている。上手パネル前には柏原、下手パネル前には岩本がいる。

パネルとその前の空間は、そこが二人の自室であることを表す。

上手よりカバンを持って新田、登場。中央奥パネルの前に立つ。中央パネルは、そこが演劇部の部室であることを表す。

パネルとその前の空間には、それぞれ人物の生活をよく表すものを配置すること。たとえば、岩本ならゲームと毛布。柏原はファッション雑誌。新田は机と椅子、中部大会の新聞記事は必須。

新田は、机の上の二通の手紙に気付く。見慣れない宛名。いぶかしく思いながらも、はさみを机の上の道具箱から取り出し、封を切り、読み始める。

新田　前略。中部大会の記事を中日新聞で見ました。どうしても訊きたいことがあって、それで手紙を書きました。新聞には、ダンボールを被った男が、一人の女の子に刀みたいなものを突きつけられている写真が載っていました。ほかの学校の写真も全部見たのですが、刈谷東高校の舞台写真ほどわけの分からないものは一つもなかった。あのダンボールを被った男は一体何者なのですか。芝居の題名は「断絶〜便所くん最期の日」となっていました。あのダンボールを被った男が便所くんなのですか。

申し遅れました。おれは、中学三年の男子生徒です。誰かに手紙を書くのは初めてなのですが、どうしても気になって、というか、あの写真を見ていると何かイライラした気分になってきて、どうしても書かないではいられなくなって書いてしまいました。

平成二二年一二月二〇日　岩本和也

新田、もう一通の手紙の封を切り、読み始める。

新　田　こんにちは。突然のお手紙、失礼いたします。刈谷東高校演劇部のＨＰを拝見しました。全国大会に出場されたこと、いろんな場所で公演活動をされていることを知り、驚きました。こんなことを書くと失礼かもしれませんが、中学の先生の話では、刈谷東高校は不登校を経験した生徒がたくさん集まる学校だとか。全国大会へ行ったり、公演活動をされてる演劇部の方たちのなかには、不登校経験者はいらっしゃらないんでしょうか。もし、演劇部の方たちも不登校を経験しているのなら、どうしてそんな活動ができるのでしょうか。失礼な手紙であることは承知してます。でも、ＨＰを見れば見るほど、不思議に思えてきて、こんな手紙を書いてしまいました。だって、不登校といえば、人が苦手で、人目が怖くて、それで学校に普通に通うことすらできなくなった子たちなんでしょ？……私は中学三年の女子生徒です。お返事くださったら、とっても嬉しいです。

平成二二年一二月二五日　柏原莉奈

新田、手紙を机の上に投げ出し、椅子に腰かける。

岩本、新田からの手紙を読む。

岩本　はじめまして。刈谷東高校演劇部の新田と申します。お手紙、読ませていただきました。ご質問の件ですが、あの写真のダンボールを被った男は、その名もズバリ、「ダンボール人間」というのです。便所くんではありません。便所くんは三メートルもある、おっきな男性便器です。間近で見たらあなたもきっとびっくりするだろうと思います。

冬休みが終わって、今日から三学期という日に、部室にあなたの手紙が届けられていました。クリスマスの日まで中部大会に行っていたので、帰ってきてからずっとお正月休みでした。返事が遅れたのはそんな理由です。でも本当はもう一つ、返事が遅れたのには理由《わけ》があります。

あなたの手紙には、ダンボール人間の写真を見て、イライラしたと書いてありました。いきなり手紙を送りつけてきて、イラつくなんて書いてきて、なんて失礼な奴と腹を立てたのです。このままシカトしてやろうと思いましたが、やっぱりこうしてお返事を書くことにしました。

ダンボールを被ると、視界も狭くなり、外の音もよく聞こえなくなります。声を出せば、自分の声だけがダンボールのなかで反響して、一人きりの世界がお手軽に作れてしまうのです。ダンボール人間というのは、自分一人の世界に籠もっている人、いわば引きこもりの象徴なのです。

私の推測では、あなた、ダンボール人間じゃないかしら？　あなたは自分の在り様をよおく自覚していて、それを不意に目の前に見せつけられたから、自分でも押さえきれないほど、イラついてしまったんじゃないかしら？

私の推測が違っていたらごめんなさい。でも、ろくに自己紹介もせずにあんなぶしつけなことを平気で書かれて私もちょっとイラついたので、思ったことを思った通りに書かせてもらいました。

三学期が始まって、公演活動の準備を始めなければなりません。部員一同、今日からまたがんばってやっていきます。あなたも中学三年生なら高校受験がありますよね。希望する高校に入れますように。

平成二三年一月一〇日　刈谷東高校演劇部　新田友美

柏原、新田からの手紙を読む。

柏原　お手紙ありがとう。返事が遅れたのは、お正月休みをとっていて、あなたの手紙を読むことができなかったからです。気を悪くしないで。

ご質問にお答えします。あなたの中学の先生が言う通り、刈谷東高校は在校生の約六割が不登校を経験した生徒です。そして演劇部員もみんな中学校や前の高校で不登校を経験しています。もちろん、私自身も中学二年・三年の二年間、学校に通えていませんでした。

演劇というのは演じる人と、観る人がいて初めて成り立つものです。演劇部員は、ですから、観られて動くことの練習、人の視線に負けないで立っていることの練習を意識的に積み重ねます。不登校を経験した生徒のなかには人目が苦手な者もたくさんいます。でも、だからこそ、演劇をやっているという部員もウチの学校にはたくさんいるのです。いつまでも、人が怖い、なんて言っていては生きていけないですからね。

そうそう、もう一通、あなたと同じタイミングで中学三年の男子生徒から手紙をもらいました。あなたのお手紙の方が千倍礼儀正しくて、いい気分で返事を書くことができました。

平成二三年一月一〇日　刈谷東高校演劇部　新田友美

椎名林檎「ギブス」、入る。
三人、自分の置かれている現状・課題を動きのみで表現する。
新田は、部員がみんな辞めてしまって独りぼっちになってしまったこと。
岩本は、ゲームにはまってしまって昼夜逆転していること。
柏原は、人の視線が気になって、怖くて仕方がないこと。
音楽、止まる。
岩本、新田に返事を書く。

岩　本　まさか返事が来るとは思ってなかったから、正直驚いてる。おれのことをダンボール人間だなんて思われて、そのままにしておくのも腹が立つのでまた手紙を書くことにした。

新田、岩本からの手紙を読む。

新　田　あんたが勘ぐった通り、確かにおれは学校に行ってない。でも、おれはダンボール人間なんかじゃないぞ。街がおれの学校なんだ。昼はゲーセン、夜になればツレとつるんで……おっとこれ以上書くと、まじめな演劇部員のあんたをビビらせちまうかもしれないな。

実はな、おれの地元のツレに中学一年の夏休み明けからずっと学校に行ってない奴がいるんだ。そいつは、自分の部屋に閉じ籠もって、ずっとゲームをやってるキモい奴なんだ。地元のツレを悪く言うのは嫌だけど、おれはそいつを心底軽蔑している。生きてるのか死んでるのか分からない無表情なツラや、じとっとしたカビが生えた布団《ふとん》のようなだるい動きを見るたびに胸くそ悪くて吐き気がする。ああいう奴がダンボール人間で、あんたの芝居の写真を見た時、そいつのことが頭に浮かんで、おれはムカついたんだな、きっと。だから、おれはダンボール人間なんかじゃない。おれは人の目なんてちっとも怖いタイプじゃない。よおく覚えとけ。ああ、すっきりした。

平成二三年一月一五日　岩本和也

新田、柏原からの手紙を読む。

新田　前略。まさかお返事がいただけるとは思ってもみなかったので、びっくりしています。

私がお手紙を差し上げた本当の理由をお話しします。私の友だちに、女の子なんですが、人目が怖くてずっと学校に行けてない子がいます。私は先生に頼まれてたまにプリントとか届けに行くんですけど、その子ったら、顔は結構かわいいんだけど、外に出ないものだから顔色なんかも妙に土色をしていて、からだもものすごく細くって、リスカしているみたいで左手にはいっつも真っ赤なリストバンドつけてて……なんかかわいそうって感じてしまいます。でも、その子ったらおかしいんですよ。服はいっぱい持ってるんです。家に籠もりっぱなしで、どこにも出ていかないんだから、服なんてジャージが一着あればそれですむのに。それでその子ったら、一人で鏡の前で服をあれこれ着替えて、鏡に自分の姿を日がな一日映しているんです。プリントを届けに行った時に私、つい見ちゃって……。なんか彼女みじめだなって思ってしまいました。私は、大きなお世話なのかもしれないけど、何とか彼女の人目が怖いっていう病気を治してあげたいと思いました。私自身は人目なんて少しも怖くはありません。学校だって普通に通えているし、どちらかというとクラスのなかでもまとめる側の人間です。体育大会では選ばれてチアリーダーもやりました。

新田先輩、お願いです。刈谷東高校の演劇部でやってる、人目が怖くなくなる練習の仕方を私に教えてくれませんか。そしたら私が彼女にそれを教えてあげます。お願いします。お返事、心からお待ちしています。

平成二三年一月二〇日　柏原莉奈

新田はパソコンを取り出し、返事を書き始める。岩本、新田の手紙を読む。

岩本　岩本君。初めて手紙を書きます。刈谷東高校演劇部の三年の村上貴大という者です。後輩の新田から君の手紙を見せられました。どうしたらいいかと相談を受けました。

君に一つ、訊きたい。君はどこのチームに入ってるの？　オレは岡崎のレッドメモリーってとこだけど。君、家、豊田だよね。豊田のチームならオレのタメの奴が頭やってるチームもあるからさ、教えてくれねえかな。お前のこともよく訊いておくからさ。
お前さ、間違ってるよ。ウチの演劇部はまじめな、弱虫の集まりじゃないからね。演劇なめたらダメだよ。これからはオレと文通しようか。返事待ってるぜ。
平成二三年二月二日　刈谷東高校演劇部三年　村上貴大

岩本は手紙を読み終えるや、怯えた顔でうろうろし始める。柏原、新田の手紙を読む。

柏　原　柏原さん。初めて手紙を書きます。刈谷東高校演劇部の三年の川上彩花という者です。後輩の新田さんからあなたの手紙を見せてもらい、どうしたらいいかと相談を受けました。かわいい後輩の相談です。私なりに一生懸命考えてお返事します。柏原さん、別便で送ったダンボールを開けてみてください。

柏原、ダンボールを開け、恐る恐るダンボール箱いっぱいに入っていた目のオブジェの一つを取り出し、しばらく眺めたあとそれが何なのか気付き、机の上に放り出し、後ずさる。しかし、手紙を再び手に取り、読み始める。

柏　原　それは演劇部の先輩たちが大須の七ツ寺共同スタジオというところで公演をした時に作った目のオブジェです。すごいでしょ？　うまくできていて、気持ち悪いくらいですよね。部室に置いてあった目の一部を柏原さんにプレゼントしましょう。これを、お洋服の大好きな、人目の怖いお友だちにプレゼントしてください。そしてこう言ってあげてください。「さあ、この目をあなたの部屋中に貼り付けてみて。一日中二四時間、無数の目に見つめられながら生活してみるのよ。怖いからって逃げちゃだめ。逃げると追いかけてくるから。逃げるんじゃなくて立ち向かうのよ」。こう言って励ましてあげてください。

そのお友達が、刈谷東にもし入学したら演劇部に入ってくれるといいな。柏原さんは、よくできる子のようだから、まさかウチの学校には来ないと思うけどね。では、またその後の様子をお知らせください。

平成二三年二月一五日　刈谷東高校演劇部三年　川上彩花

柏原、手紙を置いて、部屋のなかをうろうろし始める。
椎名林檎「罪と罰」、大音響で入る。
曲の間、岩本と柏原は、変わりたい、でも変われない自分を動きのみで演じる。
二人とも、葛藤するも、今の自分を変えることができない。
音楽、止まる。新田、岩本の手紙を読む。

新田　村上先輩。お世話になってます。岩本です。お返事ありがとうございました。僕は、演劇をなめたりしていません。僕の手紙で気分を悪くされたのなら謝ります。

先輩の手紙を読んで、僕も先輩のような本当の男、夜の街も走れるし、演劇という芸術もできる、言ってみれば、硬派も軟派も両方押さえてある、っていうか、そんな本物の、男らしい男になりたいと思いました。今までのオレは突っ張ってるだけの小さな奴でした。どうしたら先輩みたいな男になれるんですか。

村上先輩の手紙を読んでからオレは毎日、自分なりに努力しているんですが、イマイチ分かりません。でもがんばってます。ですから、家には来ないでください。オレが少しは成長してから、先輩に認めてもらえるような男になってから村上先輩に会いたいからです。では、この辺で失礼します。家には来ないよう、くれぐれもお願いします。新田さんにもよろしくお伝えください。

平成二三年二月二〇日　岩本和也

新田、岩本がビビっているので、大笑いする。
期待して、もう一通の柏原からの手紙も開けて読み始める。

新　田　川上先輩。お手紙ありがとうございました。さっそく人目が怖い友だちに、先輩の手紙の内容を実行してみました。目のオブジェ、よくできていますね。気味が悪くて（ごめんなさい、でも、本当にそう思ったのです）、私もすぐには触れませんでした。人目が怖い友だちなんか青ざめて、震え出したほどです。

それでも私たちは先輩の手紙にあった通り、彼女の部屋の四方の壁に無数の目を貼り付けました。結果は……彼女は、またリストカットをしてしまいました。二人で目を貼り付けた次の日、学校帰りに彼女の部屋を訪ねました。床は、彼女の手首から流れ出た血で、真っ赤に染まっていました。彼女は血の海の真ん中に呆けたように座り込んでいました。彼女の周りには、先輩が送ってくれた、目のオブジェが無数に転がっていました。真っ赤な血の海に浮かぶ、無数の目、目、目！　私は彼女に駆け寄り、彼女の右手に固く握りしめられていたカッターナイフを取り上げました。彼女は、人目の怖い友人は、壊れてしまった人形のように私には見えました。私は咄嗟に彼女を抱きしめました。「ごめんね、ごめんね」、言葉がこぼれました。その時、私は見たのです。血の海に浮かぶ目のすべてに、針が突き刺してあるのを。そして針で刺された瞳から、血の涙が流れているのを。

川上先輩。

先輩に訊きたい。人はそこまでして変わらなければならないものなのですか。人目が怖いっていうのは、不登校っていうのは、そんなにいけないことなのですか。彼女は今、家で安静にしています。もう、私は彼女に合わせる顔がありません。おせっかいなことをしたとすごく後悔しています。川上先輩、ありがとうございました。

平成二三年二月二五日　柏原莉奈

柏原の手紙を持ったまま、しばらく呆然と佇む新田。

やがて、机に座ってパソコンで手紙を書き始める。

新　田　（書きながら）前略。岩本君。刈谷東高校演劇部の村上だよ。手紙は読んだ。

岩本、新田の手紙を読む。

岩本　おれみたいな男になりたいってか？　おれもそんないいもんじゃないけどな。ま、いいや、教えてやるよ。演劇やりな、演劇。お、そうだ。お前、ウチの学校来いよ。で、演劇部入りなよ。そうすりゃあ、おれと毎日会えて、おれから男の道をバッチリ教えてもらえるぜ。お前も走ってて、学校行ってないんだろ？　刈谷東ならそれでも入れるぜ。なんせおれでも入れたんだから。な、岩本。演劇で、おれがお前を男のなかの男にしてやる。約束だ。約束やぶったら……その先は、おれに言わせるな。じゃあな。

平成二三年二月二八日　刈谷東高校演劇部　村上貴大

新田、パソコンで柏原に手紙を打つ。

新田　（書きながら）こんにちは、柏原さん。刈谷東高校演劇部の川上です。

柏原、新田からの手紙を読む。

柏原　私が送った目のオブジェで、大変なことになってしまいましたね。言葉もありません。お友達も、そして、柏原さんも傷つけてしまった。申し訳なく思っています。
ご質問にお答えします。あなたは私にこう尋ねました。「人はそこまでして変わらなければならないものなのですか」と。そしてこうも尋ねました。「人目が怖いっていうのは、不登校っていうのは、そんなにいけないことなのですか」と。

新田、柏原に宛てた自分の手紙を読む。

新　田　刈谷東高校は、定時制の高校です。働かないと学校に通うことはおろか、食べてゆくこともままならない生徒もたくさん通ってきています。

私の友だちにもこんな子がいました。お父さんがいなくなって以来、お母さんは友だちを女手一つで育てていました。でも、資格も、学歴もない、四〇過ぎた女の人に、これといった働き口があるはずも、ありません。友だちのお母さんは、それでも昼はスーパーのレジを打ち、夜はスナックで働いて一生懸命子どもを育てていました。

ところが、無理がたたったのでしょう。お母さんは、鬱病になってしまいました。お母さんが鬱病になると、小さな子ほど影響を受けます。まだ、小学校低学年の友人の妹は、お母さんが病気になって以来、学校に通わなくなってしまったのだそうです。友人もちょうどその頃、中学校でいじめられて、学校に通えなくなっていました。家のなかにはお母さん、小学生の妹、そして中学生の友人の三人が、何をするともなく、じっとしている状態が続いたのだそうです。

いえ、何もしなかったわけじゃない。友人は言ってました。笛を、学校でみんなで買った縦笛を、妹は日がな一日吹いていたのだそうです。

「妹が吹くのは決まってドラえもんなの。♪あんなこといいな、できたらいいな、あんな夢いっぱいあるけど、みんなみんなみんなかなえてくれる、不思議なポッケでかなえてくれる……」

友人は私にそっと教えてくれました。

「今でもね、ドラえもんの曲を聴くと、思い出すの。妹の縦笛を吹くときのぷくっとふくらんだ頬の感じや、なんにもしないでぼおっとしている母の横顔が、アパートの窓から射す夕日に赤く染まっているところなんかを。私は、中学三年の私は、妹のドラえもんを聴きながら、ふふっ、毎日手首を切ってたの。♪あんなこといいな、できたらいいな、あんな夢こんな夢いっぱいあるけど、みんなみんなみんなかなえてくれる、不思議なポッケでかなえてくれる」

友人は私に笑いながらこんなことを話してくれました。

「でもね……」

友人はそのあと、付け加えてこう言ったのです。

「ドラえもんなんていないから。いっくら待っていても、笛を吹いても、病気になっても、手首を切ってもドラえもんは来てくれないから。なら……なら私自身がドラえもんになって、妹や、お母さんの願いを、そして私自身の願いを叶えていかなきゃって、ある日突然、私は決心したのね」

友人はアルバイトをしながら学校に通い、それだけでなく演劇部にも入ってがんばっています。

柏原さん、長い手紙になってしまいました。ごめんなさい。私の友人は、別に不幸のチャンピオンっていうか、特別な例ではありません。刈谷東には、もっと大変な境遇でもヘラヘラ笑いながら、がんばっている生徒がたっくさんいるのです。

だから、柏原さん、私はやっぱりこう思うのです。人は一人では生きていけません。でも、人は一人で生きていける強さを身に付けなくっちゃなりません。ドラえもんを待っていてはいけないのです。そんなんじゃあ、生きていけないのです。リスカがなんですか。甘ったれるんじゃありません。もう一度、繰り返します。人は、変わらなければいけない。不登校のままではいけない。だって、人は……生きていかなきゃいけないから。

新田からの手紙を読んでいた岩本・柏原、顔を上げる。

新　田　生きていかなきゃいけないから。

椎名林檎「ギブス」、入る。

岩本・柏原が私服から刈谷東の制服に着替える。

次いで二人は、パネルをそれぞれ上手・下手のソデに片付ける。すべてを片付け終えた制服の二人は、客席に正対して立つ。

新田は、その間に新入生を迎えるべく、部室の模様替えをする。

みな、今までの自分への決別を動きのみで演じる。

音楽、止まる。新田、岩本の手紙を読む。

新田　村上先輩。新田先輩。岩本です。先輩たちに勧められた通り、おれは刈谷東高校に入学することにしました。覚悟を、決めました。よろしくお願いします。平成二三年三月一〇日　岩本和也

新田、柏原の手紙を読む。

新田　川上先輩。新田先輩。柏原です。私、決めました。私も刈谷東高校に入学します。今日、合格発表がありました。私は受かって、人目が怖い友人は不合格になりました。私は友人をサポートしようと思って、一緒に受験したのに。私だけが受かってしまうなんて。でも、これも運命です。「がんばって」と友人も笑って言ってくれました。

平成二三年三月一一日　柏原莉奈

岩本、新田の手紙を読む。

岩本　入学おめでとう。演劇部に入ってくれるのかな。暴走族の人が入ってくれると、演劇部もまたまた活気が出そうで嬉しいです。実は、ちょっと怖いですけど……でも、本当に嬉しい。部活動紹介の終わったあと、部室に来てください。待っています。

平成二三年四月二日　刈谷東高校演劇部　新田友美

柏原、新田の手紙を読む。

柏　原　ご入学おめでとうございます。ようこそ、刈谷東へ。そして演劇部へ。人目が怖いお友だちは残念でしたね。その子の分まであなたは高校生活を楽しんでください。私、柏原さんには是非、演劇部に入ってほしくてお誘いの手紙を書きました。柏原さんみたいにチアリーダーをやってしまうような人が入ってくれると、きっと部も、もっともっと明るく活発になるような気がして。クラスは、顧問の先生に聞けばすぐに分かるから、誘いに教室まで行くつもりです。それでは、部活動紹介の終わったあと、すぐに部室に来てください。かならず来ててね。

平成二三年四月五日　刈谷東高校演劇部　新田友美

岩本・柏原、新田に向かって（＝演劇部の部室に向かって）歩んでゆき、二人とも立ち止まる。新田、驚いた顔で二人を見つめていたが、やがて包み込むような、心底嬉しそうな笑顔を見せる。

椎名林檎「ギブス」、入る。

（了）

【レッスン：ロンド／シンクロンド】

ロンド

①二人一組で実施。割り箸を割ったものを一本、二人の人さし指と人さし指の間ではさみます。
②片方が目を閉じます。
③目を開いている人が閉じている人を誘導して動き回ります。
大勢の人で、限られた空間（少し狭いくらいがベスト）で実施します。お喋りはせず、できるだけ速いスピードで前後左右に動くことを心掛けてください。一つのペアも箸を落とさず、一分間みんなで続けることを目標としましょう。たくさんのペアが流れるような動きで会場内を動き回る様は、まるで輪舞《ロンド》を見ているようです。そこから「ロンド」と命名しました。

シンクロンド

①二人一組で実施。割り箸を割ったものを一本、ロンドと同じく二人の人さし指の間ではさみます。
②両方とも目を開けたまま、どちらが誘導するかをあらかじめ決めずに、箸を落とさないよう動き回ります。
お喋りはせず、二人とも顔とからだは正面を向いたまま実施します。キョロキョロとせず、なるべく立ち止まらず、これもなるべく速いスピードで前後左右に動いてください。大勢の人で、限られた空間（少し狭いくらいがベスト）で実施、一つのペアも箸を落とさずに一分間みんなで続けることを

目標とするのも、ロンドと同じです。誘導する側／される側という役割を決めずに、二人で動きをシンクロさせるようにして行なうロンドという意味で、「シンクロンド」と名付けました。

僕はこの二つのレッスンを、相手を大切に扱う（ロンド）、役割を離れて自在に動く（シンクロンド）という切り口でずっとやってきました。

シンクロンドは、話すこと／聞くことの原型でもあります。壁に向かって延々と話し続けることは苦痛です。なぜか？

壁は反応してくれないからです。反対に、相手が楽しそうに反応してくれたり、つっこみを入れてくれたから、思っていた以上に話が弾んで、当初考えていたのとずいぶん違う結論になってしまったという経験、ありませんか？

巷間流布している話し方／聞き方レッスンに不足しているのは、話すこと、聞くことは双方向の行

為である、という視点だと僕は考えています。

ロンドとシンクロンドを、是非、やってみてください。どちらが楽しいでしょうか？　気楽なのはどれでしたか？　ロンドで誘導した時ですか？　目をつむってついていった時ですか？　それともシンクロンドをやった時でしたか？

これまでたくさんの人がこのレッスンをやってくれましたが、終わったあと、僕は必ずそんなふうに質問してきました。多くの人は、安全ならばロンドで目をつむってついてゆくのが一番気楽、と答えてくれました。そして気楽ではないけれど、楽しいのは、うまくいった時のシンクロンドだと答えてくれました。「シンクロンドをやっていて顔が自然とほころんでしまった」と書いてくれた人もいました。

役割が決まっていると人は安心します。社会生活は、役割を果たすために仮面をその場に応じて付け替え続けているようなものです。しかし、本当の「話す／聞く」は、役割を離れた自在さのうえに成り立つのではないでしょうか。

まずは、シンクロンドをやっている時の、からだのやりとりを身に沁み込ませましょう。そこからスタートです。このやりとりが楽しく思えればしめたものです。あとは、からだではなく言葉を使って、シンクロンドをやっていけばいいのですから。

【レッスン参加者の声】

ロンド

・目をつむってやって、とても怖かったです。相手の人がこんなふうに思ってやっているんなら絶対ぶつけちゃだめだなと思いました。（高校生・女性）

・一回目は全然だめでした。でも、箸から伝わるものを確実に感じました。言葉は伝えるのに便利だと思っていましたが、言葉のない行動の優しさを感じました。（社会人・女性）

・前に出ることばかりを考えていて、自分のやり方、ペースでやっているんだなあということが分かった。一人目の方とは、そのペースで良かったが、二人目の方とはギクシャクしていた。手の位置を下げて相手の手の高さに合わせてみた。とても柔らかい感じになれた気がする。少人数でやるロンドは、自分の姿勢がよく分かる。（社会人・男性）

・目をつむっても怖くなかったのは知らない間に自分でリードしていたからなのでしょうね。心を無にしてリードされるということができた時、ほっとしました。生活に活かせるかな？（社会人・女性）

・誘導する、される。自分の思いと相手の思いのズレがはっきり出た時にはびっくりしました。思い込みで動いていているんだ……と。（社会人・女性）

・自分の押しが弱いから相手が不安になるのでは……と気付いた。脇を締めて、少しだけ強く押すことを意識した。箸が安定し、二人の間に安心感が生まれた。（社会人・男性）

シンクロンド

・学校の教師をしています。自分は「ロンド」の方が楽でした。役割をこなしている方が安心です。「シンクロンド」に切り替わった時は、そろそろ誘導しないといけないのか、それとももう少し誘導されていればいいのか考えてしまって、動きがギクシャクしてしまいました。
（社会人・女性）

・Kさんと「シンクロンド」をやった時、自然に顔が笑っていた。いつまでもやっていたい気分。自由な感じがした。Kさんも笑っていた。
（社会人・男性）

・私は主婦で、パート勤めをしています。家で子どもに見せる態度と、パート先での私と、言われてみればずいぶん違うと思います。ダンナの前では、また別の私だったりして。自然と使い分けているみたいです。でも、疲れます。ワークの良いところは、役割を離れた私になれるところなんですね。でも、ちょっと怖い気がします。ありがとうございました。
（社会人・女性）

・クラスでの顔、家の顔、部活の顔……いっぱい顔があります。仮面を付け替えてるみたい。はずしてみると、のっぺらぼうだったりして。そんな気がしました。
（高校生・女性）

特別対談

生き延びるためのレッスン

雨宮処凛×兵藤友彦

雨宮「生徒さんたちの話を聞いていると、自分の一〇代を思い出します。」
兵藤「本音で生徒たちとぶつかり合っているつもりです。」

雨宮―今回の本に収録されている演劇の脚本とご著書『今、ここにあなたといること』(角川学芸出版)、それから、顧問を務めてらっしゃる刈谷東高校演劇部の活動を紹介したTVの映像などを拝見して、生徒さんたちの葛藤にすごく共感しました。私自身、小学校から中学校までひどくいじめられた体験もあって、高校にはあまり行かずリストカットを繰り返したり、親との関係がすごく悪かったりと嵐のような季節を過ごしたので。

兵藤―僕がこの学校に赴任してから一〇年くらいになります。普通の定時制は一日四時間の授業を受けて、四年間かけて卒業するのですが、僕が勤めている刈谷東高校の昼間定時制は、がんばれば三年間で卒業できるカリキュラムになっている。在校生の約六割が、中学校や前の高校で不登校を経験した生徒たちです。

雨宮―自分の一〇代を振り返ると、周りには、一見、爽やかに生きている同世代の人たちもいました。でも、どちらが不気味なんだろう。刈谷東の生徒さんみたいに、家庭内暴力とかリストカットとかいろいろある人の方が、どこか真っ当な感覚の持ち主だとも思うんです。

そういうことがまったくないように表面的には明るく過ごせてしまう人が、私は怖い。それはいつどこで爆発するんだろうって。躓《つまず》きは人生の初期にした方がいいですよね。下手に順調に来て、こんなものだと思って四〇歳、五〇歳、六〇歳でいきなり振り落とされてしまったら、ちょっと収拾がつかないところがあります。一〇代の頃に、学校に行くことだけが世界ではないとか、こういうやり直し方があるんだとか、そういうことを知っていた方が絶対強い。人生の初期に躓いたことがある人の方が、結果的には自殺率も低いような気がします。

兵藤―逆にうちの学校の子は早い時期にいろんな選択肢があることを知っている分だけ、一つのことに集中できないところもあります。それが弱みですが、人間らしいといえば人間らしい。

雨宮―ご著書を読ませていただくと、兵藤さんが刈谷東に赴任された時に、先生たちがみな、腫れ物に触るように生徒たちに対応していたことに強い違和感を覚えたと書かれています。私も引きこもりの親の会とか不登校系の集まりに行く機会が多いので、その感じがすごくリアルに分かります。それをすごく正直に書かれていることに結構びっくりしたんです。

兵藤―先生や生徒、その親たちも最も望んでいるのは、やっぱり無事に高校を卒業することでしょう。それまでずっと学校に行かなかった子たちが、高校に受かって通うようになった。そのまま無事に卒業まで辿り着いてほしいと願うのは分かる。だけどそれでは学校を出てから先、生徒たちは生きていけないと、どうしても僕は思ってしまう。本音で生徒たちとぶつかり合ってやってきたつもりです。

雨宮―兵藤さんは、元不登校の生徒さんや、生きづらさを抱えた大人たちとともに、演劇作品の制作だけではなく、本書でも紹介されている割り箸を使ったワークショップや演劇レッスンの授業など、面白い取り組みをなさっているんですね。

兵藤―今は幾分穏やかになったけど、少し前までは、演劇レッスンの授業や演劇部の活動を通して、ずいぶんストレートに生徒に変わることを要求していました。「演劇部をやっていて大丈夫か？　つぶれそうじゃないか？」と、担任の先生からしきりに言われると今でも部員たちは言いますが。

雨宮「格好悪くてもみっともなくても、生きているモデルが大切。」
兵藤「『生き地獄天国』を書いた雨宮さんは、絶対に死んではいけないと思う。」

雨宮―今、引きこもりが長期化している人が増えていますね。兵藤さんの本に登場する生徒さんや演劇部員たち、演劇レッスンの授業を受けた生徒さんたちの「その後」は、どうですか。躓いても生き延びていく知恵というか、自分をどうにか助ける方法を編み出していかざるをえないから、その経験値が高いと思うんです。

兵藤―うまくいっている子もいれば、そうでない子もいます。引きこもり親の会は、僕の活動に対して結構、協力してくださるのですが、「うちの息子も刈谷東を出たんですよ」なんてボソッと言われると、つらい。卒業後に引きこもっているわけだから。引きこもって三〇歳を過ぎると、きつい。うまくいっている子は卒業後に就職とかもして、胸を張って学校に来られる。けれどもそうでない子の場合は就職どころか外に出られないわけだから、実態が掴めない。

雨宮―確かに、引きこもり親の会に呼ばれてお話をしにいった時に、親御さんなのかなと思ったら本人だったということが珍しくないです。四〇過ぎ、五〇過ぎの方もいて、しかも一度も就労体験がない。どうしていけばいいんだろうかと思いますが、簡単には出口が見つからない。その意味では、卒業した生徒さんたちのサクセス・ストーリーを望むのはちょっと違うというか、今困っている人の役に立つものではないですね。

兵藤—刈谷東高校では、僕はずっと学年主任をやっています。学年の企画で「ようこそ先輩」という会を開いて、卒業生に学校に来てもらいます。

うまくいっている卒業生は来て話をすることにためらいがない。でも、僕が生徒の前で話をしてほしい人は、うまくいっているんだけど、ちょっと苦労もしてきた奴。正社員でがんばっているけれど、仕事がむちゃくちゃきつくてしんどそうな男。きちんとした会社勤めをしているけど、私生活で苦労してがんばっている子……。この間来てもらった卒業生も、正社員として就職した美容室をすぐに辞めてしまって、今は居酒屋のチェーン店で正社員になっている子です。ただの成功譚になってしまうと、うまくいかない子は生きていけないじゃないですか。どうせ私は駄目なんだって。

雨宮—自分自身の子どもの頃を考えると、不幸のどん底から這い上がって大成功したというようなスポーツ選手や芸能人の話ではなくて、大人の失敗談が聞きたかった。それは今もそうです。成功ストーリーなんて本人が気持ちいいだけで、失敗談の方がよほど子どもにも役に立つというか、普通の人の役に立つと思います。

兵藤—確かに、そういう意味でのモデルは必要だと思います。今回の本にも出てくるけれど、エネルギーの塊みたいな演劇部の女の子がいたんです。彼女は演劇部の練習中に校舎の四階の窓から飛び降りようとした。彼女が演じていた役が死のうとする場面だったんだけれど、「自分が飛び降りようとしたら止めてくれる？　本当の友だちなら止められるだろう」って、友だちに詰め寄った。本当に身を乗り出して飛び降りようとしたから僕が必死で止めたんです。彼女はそのエネルギーを整理整頓して演劇に向けたんですね。演劇のおかげで生き延びる術を身に付けて、今はちゃんと大学生しています。

雨宮―すごい！　ある意味ではマイナスかもしれない経験で、どんどんいろんなものを摑んでいく。すごく勇気づけられる話ですね。

今回、引きこもりや生きづらさのことを考えていてある人を思い出しました。南条あやさんって、ご存知ですか。いわゆるネットアイドルで、一九九九年に亡くなり、死後、彼女のネットでの日記は『卒業式まで死にません』（新潮文庫）という著書として出版されました。彼女は一人親家庭で育ち、学校でのいじめの経験があって、不登校も経験していました。リストカットやオーバードーズ（薬物の過剰摂取）をしていて、そのことを綴るネットの日記は大変人気がありました。そうして高校を卒業して二〇日後、オーバードーズをして亡くなってしまいます。

死後、ある意味で彼女は生きづらい少女たちの「神」となりました。「南条あやになりたい」と言って、私の周りでも自殺した女性がいます。当時、彼女の本はかなり売れました。私はこの現象がとても怖かった。死んだ人にしか理想というかモデルを見いだせない状況が現実に起きていたからです。それよりは、どんなに格好悪くてもみっともなくても、生きているモデルが大切だと思うようになりました。

兵藤―雨宮さんはご自身の一〇代を「嵐のような季節」とおっしゃったけれど、いじめや、リストカットを繰り返していた体験、自殺未遂のことまで書かれている『生き地獄天国』（ちくま文庫）を拝読して、本当に凄絶だと思いました。雨宮さんは絶対に死んではいけないんだと僕は思う。それは、こういう本を書いてしまった方の責務だと思います。

雨宮「サバイバル能力って何だと思いますか？」
兵藤「僕は優等生だったけど、カップヌードルの作り方も知らなかった。」

雨宮―兵藤さん自身は一〇代をどんなふうに過ごしていたんですか。不登校とか引きこもり、いじめとかの経験はあまりなさそうな感じがしたのですが。

兵藤―愛知県の田舎で育って、両親とも教員。僕は一人っ子でした。勉強もそれほど苦労をしなくてもそこそこできたし、いわゆるいい子だった。本当は兄や姉がいたはずなんですが、体育の教員だった母が授業中にサッカーボールがお腹に当たって流産したと聞いています。だから、すごく過保護に育てられました。地元の進学校を出て早稲田に行って、恥ずかしいけれど、一八歳になるまでカップヌードルの作り方を知らなかった。

雨宮―えっ？

兵藤―カップ焼きそばって、三分経つとお湯を切るじゃない？ 僕はそれすら知らなかった。大学入学で上京したら、僕の知らない世界がいっぱいあるわけだ。このままでは駄目だと思って、三年間、大学に行かないで遊び続けた。だけどそのうち、ひどい疲れがきた。今でもよく覚えています。池袋で一晩中遊び呆けた翌朝、その頃住んでいた茗荷谷まで歩いて帰った。早朝の、誰もいない街を歩きながら、なぜか、もうすべてやめようと思った。

ちょうど住んでいた寮にも居づらくなっていたから逃げ出して、原付バイクで吉祥寺まで行って井の頭公園裏のアパートで一人暮らしを始めた。そこから半年くらい、誰とも会いませんでした。それまで遊んでいた奴らも当然、連絡なんか取らなくなって、大学には行っていないから友だちもいない。一人でこもっていました。

このまま大学を辞めてしまおうかなと思ったけれども、辞める度胸もなかった。大学の授業に一度も出たことがなかったし、食っていくための何の資格もなかったから。でも、本当に簡単に人間は一人になるんだなと思いました。

雨宮―そんな話を、生徒さんたちにはするんですか。

兵藤―ほとんどしないです。俺もそうだったからお前らのことは分かるぞとは、絶対に言いたくない。それはインチキだよ。僕が生徒に言うのは目標です。シンプルで明確な目標。「まず自分で食っていける人間になろう」「それができたら、次は周りの大事な人も食わせてやれるといいね」って。いつも学年の初めに言うんです。それともう一つ必ず伝えるのは、「騙されない人になろう」ということです。

雨宮―騙されないというのは？

兵藤―騙されない子というか、馬鹿にされない子。食っていければ何でもいいわけではない。そのために大切なことは、人の話を聞くことと、時間を守ること。この二つができれば、最低限、騙されないし、人に信頼される。僕は「正社員になれ」と言います。「タフになれ」とも言います。

雨宮―校内では先生たちは生徒たちに腫れ物に触るような対応をしている。でも、その生徒さんたちが学校を出てから生きていかなければいけない現在の格差社会はとても暴力的です。今は大卒者でも就職が大変ですから高卒者の就職はなおさらで、正社員になるのが争奪戦の状況です。そのギャップを考えると、生徒たちは丸裸で投げ出される感じがしますが、どういう指導やアドバイスをしたら、彼や彼女をいい形で社会に送り出せるんですか。最低限、食いっぱぐれないための生きる力、サバイバル能力を身に付けさせるには、どうしたらいいんでしょう。すごく難しいし大変な課題だと思いますが、それを教えるのも子どもと接する先生たちの仕事ですよね。

雨宮「騙されまくってる若い人がすごく多い。」
兵藤「学力格差は、やっぱり経済格差。」

兵藤—刈谷東高校に赴任して一〇年くらいの間での大きな変化は、外国出身の生徒が増えたこと、それから、経済的に厳しい家庭が目立つようになったことでしょうか。一定以上の年収を下回る家庭には就学支援金制度によって授業料が免除されるのですが、その制度をずいぶんたくさんの家庭が利用しています。

雨宮—確か、全国平均では六人に一人くらいですよね。まさに「貧困の連鎖」と言われる、今の日本の状況そのままですね。大学に行く人はどれくらいいますか。

兵藤—就職する生徒が三分の一、専門学校に行く生徒が三分の一、残りの三分の一が大学進学者です。僕は、一年生のずいぶん早い時期から、大学に入るための金が用意できるかどうか、具体的な数字を示してきちんと聞きます。予約奨学生という制度を使うと、大学一年生の後期の授業料から、奨学金で払うことができる。奨学金が使えないのは入学金と前期の授業料の、大体、五〇万円くらいです。それを高校生のまだ早い段階で伝えると、バイトをして貯める子もいる。保護者会では親に対して、見栄を張ってほしくないと伝えます。子どもにちゃんと本当のことを言ってほしいって。

こんなことがあったんです。ある女の子が美容師になりたいと言って、がんばっていた。美容師になるための専門学校に行く金を、親はずっと「ある」と言っていた。ところがその女の子が専門学校の受験に合格して明日が納入期限という時になって、親が「ごめん、ないんだ」と。その子はショックで学校を辞めてしまった。三年生の一二月に。今でも悔いています。なぜもっと早く親に本当のところを言わせられなかったのかって。もっと早く分かっていたら、彼女は就職したかもしれない。

そんなことは絶対、もうあってはいけない。だから早めに言えるような環境づくりをしていこうと思っています。学力格差はやっぱり、経済格差ですよ。

雨宮—貧困問題を取材していると分かるのは、若い人が身の守り方を知らないことです。

派遣切りでホームレスになった若い人たちの支援をしたことがあるんですが、家も職も現金もなく三日間、食べていないという時に、「どこに行きましたか」と聞いたら結構な割合で交番に行っているんです。でも、交番だと炊き出しをやっている場所を教えてくれるのが一番いい対応で、あとは説教されるだけだったと。

行くべきは交番ではなく役所なんです。路上でも生活保護を受けられます。生活保護申請が、受理されればその日から現金が出ますから、餓死しないですみます。食料を万引きして刑務所に行くことも避けられます。そういう最低限の死なない方法を私も教えられてこなかった。それは学校だけの役割ではないのかもしれないけれども……。また、キャバクラで働いている女の子への、給料よりはるかに多い無茶苦茶な罰金の要求などもそうですが、基本的な法律とかの知識がないために、騙されまくってる若い人が多いとすごく感じます。

兵藤—僕の親父は社会科の教員だったのですが、騙されない子を育てたいとずっと言っていました。そういうことを社会の授業で教えるべきだと本当に思う。学費も生活費もバイトで稼いで学校に来ている生徒なんて、いっぱいいるんだから。

兵藤「大事なのは、貿易する能力。」
雨宮「助けてと言えるかどうかに、かかっていると思う。」

兵藤—先ほどの、生きていく力をつけさせるという問題に戻りますが、それはまさに教員が担うべき仕事だと僕も思います。じゃあ、生きていく力って何かというと、「貿易する能力」なんだよ、きっと。

雨宮—貿易?

兵藤—僕はこれをあげるから、あなたの持っているそれをくれ。そういう能力があると、どこでも生きていけそうな気がする。刈谷東を卒業して大学生になっている生徒で、うまく続いている生徒と、残念だけど大学でまた休みがちになっている生徒がいる。

何が違うのかを卒業生に訊いてみると、うまくいっている生徒は、たとえばテストの時に、「自分はこれが分からないから教えてほしい。代わりに自分は別のこの授業ならちゃんとノートを取ってるから、あなたに教えてあげるよ」と言える生徒なんです。これが僕の言う「貿易」です。うまくいっ

▲雨宮処凛氏

てない生徒は、人に「貿易」を持ちかけられずに、苦手なものも自分のなかに抱え込んで、一人で何とかしようとしてしまう。

こういう貿易する能力をつけていくっていうのは、すごく大事かなと思う。貿易するためには、まず人と喋れないといけない。大事なのは喋る相手を選ぶ「嗅覚」ですよね。こいつは「貿易」に応じてくれるか、こいつは訊いても騙されないか、を感じ取る力。

雨宮　それは不登校経験のある人にとっては、すごくハードルが高いですよね。自分で食べていくのも交渉能力も貿易能力も……。

私は、今の世の中をサバイバルしていく能力って、「助けて」と言えるかどうかにかかっていると感じるんです。学校関係者の人と話す時にも話題になるし、貧困問題でも同じなんですが、困っている人はなかなか「助けて」と言ってくれない。特に貧困問題だと、当事者の方が声を出してくれない。

学校でも多分、いじめとかに遭っても言わない人、多いですよね。

助けてと言うのは、確かにすごく難しい。まず自己肯定感がないと言えませんから。自分は助けられるに値する存在で、助けを求めても、少しくらい迷惑をかけてもいい人間なんだと思えないと、言えない。あと、社会とか他人への最低限の信頼がないと、絶対、言えない。助けてと言ったことで、もっとひどい目に遭っている人がたくさんいますから。貧困問題もいじめもそうです。必要な時に助けてと言えれば、結構な数の人が自殺をせずにすむんじゃないかとも思っています。

兵藤―これが分からないから教えてくださいと、騙しそうにない人を見つけて言える力ですね。

引きこもっている子どもたちのなかには、やっぱりこのままでは駄目だというとても強い焦りもあります。刈谷東では二年生から、選択科目で演劇表現という授業を受講できるのですが、今は四〇人くらいの生徒が選択しています。その子たちは人と喋れないから、最初は割り箸のレッスンなどから

▲兵藤友彦氏

始めて、人と話すのは楽しいねとか、意外と怖くないもんだろ、とか、そんなところから少しずつやっていく。

雨宮―割り箸を使ったレッスンって、言葉でのコミュニケーションの手前で、相手の体温や気配を感じるものすごく地道なコミュニケーションですよね。身体的なものを取り戻すことで心が変わっていくというのはすごく興味深いですね。

多分、いわゆる心理カウンセリングでは出てこないものが出てくるんだろうなと思いました。私自身、一〇代の頃にカウンセリングを受けていろいろ落ち着いたという経緯がありますが、その時、意識は自分にしか向いていなかった。からだを使った他者との関わりは、自分よりもまず他者を発見する驚きに満ちている気がします。自分が最も生きづらかった時には、「他者不在」だったことを思い出しました。そういう時は自分の痛みにはものすごく敏感なのに、他人の痛みにはものすごく鈍感だった。からだを使った実践は、そこを埋められる気がします。

兵藤―最近、心理士や相談員の方々からお声がかかり、彼らの勉強会で、割り箸を使ったレッスンなど、私が演劇レッスンの授業でやっていることを月に一回、紹介しています。

最初、僕はとても違和感がありました。相談に来た生徒と一対一で話してゆくのが心理士や相談員さんたちの基本的な手法だと思っていましたから。僕の演劇レッスンは、基本二人以上の人間が一緒に行なう。しかもまずは、言葉以前のからだの構えや行動に着目してゆくものですから。一度、そう正直に訊いてみたことがあるんです。そうしたら、もう一対一では間に合わないんだと。だから演劇レッスンのような手法もできるようになりたいんだと言うのですね。なるほどと思いました。いろんな場所で、いろんな人が、目の前にいる大切な人と演劇レッスンをやってくれるといいなと思っています。

兵藤「いじめられっ子だったのが、バンドの追っかけになったところが良かった。」
雨宮「今でも、引きこもりになる自信は満々……。」

兵藤―『生き地獄天国』には、よく泣き叫ぶシーンが出てきますね。
雨宮―泣き叫べれば、摂食障害や食べ吐きもしなくてすむかもしれません。でも、それすら許されないから黙って食べて、黙って吐いてしまう人も多い。
兵藤―摂食障害の子は、みんないい子だよね。すごくいい子。
雨宮―最近、「べてぶくろ」という、「べてるの家」の池袋バージョンみたいな所の当事者研究の会にお邪魔しました。そこに不登校のお子さんを持つお母さんが来られていたんです。みんながそれぞれ自分の苦労を語ったんですが、彼女の話がとても面白かった。
ある日、いつものように不登校の親の会に行こうとして、開始時刻の午後一時半に遅れないようにと思って準備をしていた時に、ふと、「もしかしたら、こういうふうに絶対に遅刻しないように行く自分の完璧主義が息子を不登校にしてるんじゃないか」と思って、勇気を出して遅刻していって、こうこうこういう理由でわざと遅刻してきましたと言ったら、ほかの親の会の人たちが「それは素晴らしい」と拍手をしたと。その話を聞いてすごく面白いと思いました。そういうやり方があるんだなって。

兵藤―苦痛だったでしょうね、自分の行動様式を変えるのは。すごくがんばったんだと思う。そういうことが、人に勇気を与える。自分にもできた、自分は変われたという成功体験になるから。

『生き地獄天国』で僕が一番良いなと思ったのは、「一年前までいじめられていた自分が、今ではヴィジュアル系バンドの追っかけの人になれた」というところ。

雨宮―いじめられているより、どんなに何を言われようとも、追っかけの方がまだ全然生きてる感じもするし、充実してましたね。

兵藤―多分あそこが一番、うちの学校の生徒たちの心にもヒットすると思う。変われるのだ、ということ。そして、その変わる一歩を、勇気を持って踏み出さないから、ずっと今のキャラクターのままなんだ、ということ。

雨宮―怖いですものね。私はもともと内向的なので、あそこで立ち止まったら多分もう何十年も出てこられないという確信がありました。だから、引っ込み思案で内向的なキャラと正反対の自分を演じる……まさに演じるんですね……ことによって、自分のキャラ修正を無理矢理したんです。今でこそ「すごく行動的ですね」とよく言われますが、本当は全然、行動的ではないんです。でも、一つ変われた体験があると、あとにつながる。

兵藤―刈谷東には、せっかく入学したのに卒業まで辿り着けずに学校を去っていく生徒が少なからずいます。高校に入ったから、もう不登校ではなくなったということではない。人が怖くない状態、苦手ではない状態になっているわけではなく、たまたま条件が整ったから、今は来ているだけなんです。

本当に大事な問題は、もっと深いところでの対人関係のありようや心のありようだと僕は思っています。キャラクターの修正が上手にできて、変化の感触を摑むことができて初めて、その子は不登校児でなくなったんだと言えると思う。

雨宮―でも私自身は、たとえば今からどこかの会社に勤めることになってそこにパワハラの人がいたら、引きこもりになる自信は満々というか……。

そういう意味では今、まったく人が怖くない人なんて一人もいないようにも思います。兵藤さんの演劇レッスンを、学校だけではなくいろんな所でやってほしい。大人にこそ必要なんじゃないかな。普通のサラリーマンでも、他人が怖くてしかたがない人はたくさんいるはずです。

雨宮「割り箸のレッスンって原始的。暗闇のなかで人の気配を探るような感じ。」

兵藤「人が怖いというのは、どこか抽象的な気がする。」

兵藤―愛知県内のある市で演劇のレッスンをやった時のことです。その市に本社のある大企業に勤めている方がたくさん参加してくれました。割り箸のレッスンをやったのですが、僕は途中で気分が悪くなって、「もう辞めよう」と言ってしまった。無駄な動きを省いて早くうまくやれるようになるコツを、彼らはみんなで話し合うんだよ。割り箸のレッスンは目を閉じてやらないといけないのに、一度失敗すると、まず目を開いてやってみて、分析して、「なるほど、こうすればうまくいくのか」って。やっている人に「楽しい?」と訊いたら、「楽しくない」って。できても楽しくないというんです。普通、割り箸のレッスンは、できたらみんなすごく喜ぶんだよ。

雨宮―無駄な動きをしてはいけないと思っているわけですね。滑稽な光景ですね。不登校とかの問題の最たる社会的原因の一つは、効率とか生産性だけを重視して、あとは無価値だという考え方とすごく関係がある。効率だけに重きを置くような社会だと、身体性が変わっていきますね。そうすると精神的にも変わってくる。ちょっとでもできない人がいたら、とことんけなすでしょうし。

不登校の子どもなんて合理的じゃないから、効率だけを重視する社会に馴らされてしまった大人が不登校の子どもにどんな言葉をかけられるかと思うと、何もないでしょうね。たぶんもっと追い詰めたり、反発されることしか言えない。企業社会の論理でしかものを言えないのは、働いているお父さんたちの平均的な像かなと思います。

兵藤―僕はお父さんよりはお母さんたちに期待しています。お母さんたちがうまいこと効率化から抜けだしてくれるといいなと思っています。お母さんの方が、子どもとの関係ではもっと生々しい。癒着しているとも言えるけれど。演劇レッスンの授業は何か知識を得られるわけではない。それは演劇だってそう。でも、変化はあります。不登校の子どもたちの多くは自分のことにしか興味がないんだけれども、演技レッスンの授業をとった子はお互いに仲が良くて、お喋りをする。これはうちの学校ではすごいことなんです。刈谷東は席が隣り同士で座っていても、一人ひとりが孤立していて、お喋りをしないことも多いから。

雨宮―相手を思いやったり、想像したりすることができるようになるんですね。

兵藤―そういう関係が作れるようになっていく力が、すごく大事なことだと思っています。

ところで雨宮さん、せっかくだから、割り箸のレッスン、やってみませんか?

雨宮―やってみたい！　でも怖いですね、いろいろとバレバレになりそうで……。

（割り箸のレッスンを、雨宮×兵藤、雨宮×編集担当、兵藤×編集担当の三組で順に実践）

兵藤―目、開けちゃいそう……。

雨宮―開いちゃ駄目です。

兵藤―あっ！

（割り箸、落ちる）

雨宮―……ということです。こういうことから、始めるんです。箸のあたり方、指の感覚が、僕と編集の方とでは違いませんか？

兵藤―違いますね。

雨宮―押し方一つでも世界なんです。人の構えが出てくる。雨宮さんは肘が伸びていましたね。

兵藤―えっ？

雨宮―肘が曲がっていると相手との距離が近づく。伸びていると相手が遠ざかる。これ、パーソナルスペースです。人の気配を感じるためには肘が曲がっていないと。肘を曲げると、人を自分のパーソナルスペースに入れる感じがしませんか？　もう一回、やってみてください。

（再度、雨宮と編集担当でトライ）

兵藤―あっ、落ちた！

雨宮―今、雨宮さんは、相手に箸の下をくぐらせようとしたよね。僕の時もそう。なぜサービスするんだろう？　何度やっても、回らせてあげる人と、回る人がいるんですよ。

雨宮―自分が回ったら箸を落としそうで怖いから……かな。自分が失敗したくない？

兵藤―失敗したくないんですか？

雨宮―失敗だらけの人生なので、どうでもいいことで失敗したくない（笑）！

兵藤―（苦笑）こういうことをやって、終わったあとに、それを言葉にして経験を定着させていくという作業を延々とやる。そうすると、ようやく相手をその人として感じられるようになって、お喋りが始まる。これが、「あなたが見られるようになる」ことだと思っています。不登校の生徒たちは「人が怖い」と言うけれど、このレッスンで名前を持った一人の「あなた」に気付く。「人間一般」として括るのではなく「あなた」に触れる。だとすると「人が怖い」って、どこか抽象的なんだよ。

雨宮―やったことのないコミュニケーションですけど、ある意味、すごく原始的。暗闇のなかで人の気配を感じるみたいな……。

兵藤―そう。自分も秘密を抱えた人間だし、目の前には自分とまったく違う秘密を抱えた人間がいて、それは対等なんだということを実感するんです。

兵藤「大人になるのは、素敵なこと。」

雨宮「不登校だって、『表現』だと思う。」

雨宮―振り返ってみると、高校に入ってからあまり学校に行かなかった時、好き勝手にやっているように親とかからは言われたけれど、すごく苦しかった。何かにすごく縛られて、とらわれている感覚が強かった。実はまったく自由じゃなかったですね。

でも逆に、私は中学校の時にはいじめられながらも学校には休まずに行っていました。そこで失ったものはすごく多いと思う。必死でいい子を演じて、がんばって無理矢理学校に行き続けたことによって、もっともっと傷が深くなったところがあります。中学の時にはそれを誰にも表現できなかったから、不登校にもなれなかった。苦しいとか、何か違うと表現するのは大切だと思います。その意味ではリストカットも表現だし、泣き叫ぶのも表現。不登校も、やむを得ずかもしれないけれど、私は苦しい、何か違和感があるんだという表現でもありますよね。

兵藤―「私を不登校の一言で括らないで」というセリフが、この本に収録した『Ｍａｋｉｎｇ ｏｆ「赤い日々の記憶」』という台本に出てきます。

この台本はまず、刈谷東の教育相談室に持ち込まれた相談の記録から不登校の生徒の典型例を四人、作ったんです。それを演劇部の生徒たちに見せたら「これは私の不登校じゃない」と。括らないでほしい、私は私だと、彼や彼女は言う。

じゃあ、「私」って何なんだよと訊ねても言わない、絶対にね。自分の存在の一番大事な部分、ほかの人とは違う私はここにいるんだという「秘密」のようなもの……。でもそこは、あの子たちにとっては不登校という経験と絶対に重なっている。それで、「じゃあ、お前の不登校を教えてくれよ」と言って、手紙を書いてもらったんです。そうして『Ｍａｋｉｎｇ ｏｆ「赤い日々の記憶」』が完成した。

雨宮―誰も分からないだろうと思いながら、一方で分かってほしいという気持ちがものすごい強度で共存しているのが、あの頃なんじゃないかという感じがします。

兵藤―括られたくないという思いはとても強くある。自分を見てくれって。

雨宮―勝手にジャンル分けされて、こういう対応をすれば治るというような解決法に行きがちですよね。それで傷ついてきたということも、あるかもしれない。

兵藤―不登校という括り方だと社会科学になってしまう気がする。Aさん、Bさんという個人、個ではなくて、抽象的な何かにされてしまう。そんな抽象的なものでは、多分、あの子たちの心にヒットしない。

雨宮―生身の生徒は傷つくでしょうね。いろいろ分析されて。

兵藤―個人をどれだけ擁護できるか。表現とか芸術は、そこで大切になるんだと思っています。選挙演説みたいな公式見解を言っても、芸術にならない。この人にしか描けないこと、言えないこと、できないこと、そんな生っぽいことをやって、自分でいいんだ、私でいいんだと是認される世界。それがやっぱり力になるんじゃないかな。そんなふうに生きていていいんだよっていう場を与えてくれるのが芸術だと思う。演劇も、そう。人一般ではなくて、あなたがそこにいるだけだよっていうこと。「私」と「あなた」が今ここにいて、「私」が「あなた」とやりとりをしている。そういうことが伝わると、彼らはいろいろと話し出すような気がします。

教員は生徒たちの前に立つ時、四〇人なら四〇人というマスで生徒を見ています。四〇人のマスが一つ。でも実は違う。一人掛ける四〇なんです。一人ひとり違うんだから。しかしそれは大変に手間暇のかかる、気が遠くなるようなことなので、大体の学校では四〇人の束で見る。でも、刈谷東では特に、生徒たちと一対一、「私」と「あなた」の関わりを作らないといけない。刈谷東だけではなくて、本当は誰もがお互いをそんなふうに認識し合えるといいなと思います。

雨宮―私が少し、やっと自由になれたかなと思ったのは、親元を離れて経済的にも自立して、一〇〇パーセント自分で責任を取る覚悟がある上で、望む選択をできるようになった時かな。

兵藤―学校がやらなければいけないのは、多分、大人になるのは素敵なことだよと教えることです。経済的に自立して早く大人になりなさいって。それはとても素敵なことなんだと語れる言葉を、大人が持たないといけないですね。今は、大人になるのは結構しんどいぞというようなことしか言えないんだけれども。

ただ、大人になる、自由になるというのは、多分、ゆるゆるになってもいいということでもある。自分の仮面とかキャラクターに縛られていると、やっぱり不自由な感じがします。もっとゆるゆるになっても世間は生きていけるんだぞって、言えたりできるようになったりするといいと思うんだけどなあ。

◆

雨宮《あまみや》処《か》凜《りん》――一九七五年、北海道生まれ。作家・活動家。二〇〇〇年に自伝的エッセイ『生き地獄天国』（太田出版）でデビュー。以来、若者の生きづらさについての著作を発表し、二〇〇六年からは格差・貧困問題にも取り組む。「反貧困ネットワーク」世話人、『週刊金曜日』編集委員、「フリーター全般労働組合」組合員、「こわれ者の祭典」名誉会長、前記著作のほか、『生きさせろ！　難民化する若者たち』（太田出版。日本ジャーナリスト会議賞受賞）など著書多数。

◆

おわりに

長いこと演劇レッスンをやってきて、学校のなかでも学校外でも、ようやく人が集まってくるようになりました。

演劇レッスンをやる時、私はからだを見ます。からだは正直だからです。からだを微細に見ていって、その人の対人関係の在り方を一緒に探り、そして参加者のそれぞれが今よりもちょっとだけ違う自分になり、今よりもちょっとだけ自在に他者と関われるようになることを目指してゆきます。

地味といえば、地味な営みです。世界情勢を論じたり、社会運動に身を投じたりすることに比べたら、私の演劇レッスンなど些細なことこの上ない活動かもしれません。でも、と私は思うのです。些細なことからしか、世界は見えてこないんじゃないかと。

僕は演劇レッスンを、からだを通して考える倫理の授業だとも思っています。

この本の副題は、「親と子」「先生と生徒」のための聞き方・話し方教室、です。「聞き方・話し方」というと、何を話すか、どう話すかが話題になりがちです。私が日々接している生徒たちのなかにも、話すことが苦手な生徒がたくさんいます。そんな生徒たちが教えてくれました。大切なのは〝それ以前〟の、人との向き合い方なのだということを。話すというのは、言葉で他者に触れていく行為なのだということを。

本書の演劇レッスンを積み重ねることで、話すこと、聞くことの底にある、最も根本的な「人とのやりとり」を体感できると確信しています。

この本ができあがるまでには、たくさんの方にお世話になりました。

教育、演劇、それぞれの専門家として推薦文を書いてくださった刈谷東高校の村上慎一先生、演出家の木島恭さん、ありがとうございました。私の生徒たちのなかにも多くの読者がいる作家の雨宮処凛さん、対談に応じていただき、ありがとうございました。

そしてご多忙のなか、帯に推薦文を寄せてくださった哲学者の鷲田清一先生、ありがとうございました。また前著に続き、編集を担当してくださった小島直人さん、お世話になりました。

演劇レッスンに関しては、今後の予定などを含め、学芸みらい社ホームページでもご覧いただけます。

いつか、この本を手にしてくださったあなたと一緒にレッスンができる日を、楽しみに――。

平成二七年八月

兵藤友彦

【著者紹介】

兵藤友彦（ひょうどう・ともひこ）

1964年、愛知県生まれ。2003年、愛知県立刈谷東高等学校（昼間定時制）に赴任。国語科教諭、演劇部顧問。在校生の6割が不登校の経験者というこの高校で、生徒たちが社会に巣立っていけるよう、ユニークな演劇レッスンの授業を行う。『Making of「赤い日々の記憶」』（作・演出）をはじめとする作品により、並みいる全日制の学校をおさえ、赴任以来10年で3度、同校演劇部を高校演劇の全国大会に導く。人間性を育て、コミュニケーション能力を育てる演劇レッスンの授業は学外からも注目を集め、演劇部有志・市民とともに全国各地で300回以上に及ぶ演劇ワークショップを開催。生きづらさを抱えた大人たちも多く参加するワークショップはテレビや新聞各紙でも紹介された。文部科学大臣奨励賞、中日賞など受賞多数。著書に『今、ここにあなたといること――熱血先生と元不登校児の3000日』（角川学芸出版）がある。

奇跡《きせき》の演劇《えんげき》レッスン

「親《おや》と子《こ》」「先生《せんせい》と生徒《せいと》」のための聞《き》き方《かた》・話《はな》し方《かた》教室《きょうしつ》

GAKUGEI MIRAISHA

2015年8月12日　初版発行

著　者　兵藤友彦
発行者　青木誠一郎
発行所　株式会社 学芸みらい社
　　　　〒162-0833　東京都新宿区箪笥町31番 箪笥町SKビル3F
　　　　電話番号 03-5227-1266
　　　　http：//www.gakugeimirai.jp/
　　　　E-mail：info@gakugeimirai.jp
印刷所・製本所　藤原印刷株式会社
装丁／目次・章扉デザイン　芦澤泰偉
本文DTP　村松明夫
本文イラスト　村松仁美
対談写真　野口 彈

落丁・乱丁本は弊社宛にお送りください。送料弊社負担でお取り替えいたします。

ISBN978-4-905374-85-5 C0037